乡村聚落保护发展理论与方法丛书

北京古村落空间解析及其应用研究

SPATIAL ANALYSIS AND
APPLICATION RESEARCH ON
BEIJING ANCIENT VILLAGES

张大玉 著

中国建筑工业出版社

审图号：京S（2025）009号

图书在版编目（CIP）数据

北京古村落空间解析及其应用研究 = SPATIAL
ANALYSIS AND APPLICATION RESEARCH ON BEIJING
ANCIENT VILLAGES / 张大玉著. —北京：中国建筑工
业出版社，2023.6
（乡村聚落保护发展理论与方法丛书）
ISBN 978-7-112-28388-0

Ⅰ. ①北… Ⅱ. ①张… Ⅲ. ①村落—空间结构—研究
—北京市 Ⅳ. ①K921.5

中国国家版本馆CIP数据核字（2023）第032592号

责任编辑：张　建
书籍设计：锋尚设计
责任校对：赵　力

乡村聚落保护发展理论与方法丛书

北京古村落空间解析及其应用研究

SPATIAL ANALYSIS AND APPLICATION RESEARCH
ON BEIJING ANCIENT VILLAGES

张大玉　著

*

中国建筑工业出版社出版、发行（北京海淀三里河路9号）
各地新华书店、建筑书店经销
北京锋尚制版有限公司制版
北京中科印刷有限公司印刷

*

开本：787毫米×1092毫米　1/16　印张：13¼　字数：235千字
2023年12月第一版　　2023年12月第一次印刷
定价：**69.00**元
ISBN 978-7-112-28388-0
（40808）

丛书序

我国传统村落是世界上规模最大、内容和价值最丰富、保护得最完整的农耕文明遗产，是传承中华优秀传统文化的宝贵"基因库"，更是连接历史与未来的文化纽带。自2012年至今，住房和城乡建设部牵头，组织遴选了8155个中国传统村落，并先后在市县范围开展传统村落集中连片保护利用示范工作，为传统村落的保护与发展奠定了坚实的基础。

近年来，传统村落的保护利用虽然取得了显著成效，但依然面临人口流失、建筑衰败、文化传承断裂等多重挑战。传统村落中的每一条街巷、每一座老宅、每一口古井、每一棵古树……都承载着先辈的智慧与汗水，见证着历史，延续着生活。如何守望这些传统村落，赓续其文脉和价值，成为我们共同肩负的使命。因此，保护传统村落，不仅是对物质文化遗产的珍视，也是对非物质文化遗产的传承，更是对村落中独特人文记忆与精神血脉的守护。唯有在现代化进程中牢牢守护这些文化根脉，我们的发展之路才能既具有深度，又充满温度。

我们的团队持续开展传统村落保护发展的研究及实践已逾30年，先后主持承担国家自然科学基金、国家科技支撑计划、住房和城乡建设部科技计划、北京市科技与社科专项等国家级、省部级科研项目，以及传统村落领域的规划设计项目多项。培养博士、硕士研究生百余人，形成了研究报告、学位论文等学术成果。在中国建筑工业出版社的大力支持下，现以"乡村聚落保护发展理论与方法丛书"的形式出版发行。

本丛书的设置主要基于国家自然科学基金重点项目"中国传统村落保护发展的理论与方法研究"（项目批准号：51938002）的资助；同时，也是团队近年来在传统村落领域所承担的国家自然科学基金青年项目（项目批准号：51808023、52108036）、面上项目（项目批准号：50978011、51278023、51678023、51878021），以及规划设计实践项目的成果总结。我们团队对传统村落保护发展的研究仍将继续，希望通过更加丰富、多元的视角来不断深化对传统村落的研究与探索。

作为团队研究成果的系列展示，本丛书涉及传统村落的规划选址、空间特征、建筑营造、价值评估、保护发展及防灾减灾等多个方面。旨在通过对传统村落保护与发展的内在逻辑与实践路径的探索，构建一套全面、系统、科学的理论与方法体系，为传统村落的保护与发展提供强有力的理论、方法与技术支撑。同时，也特别希望本丛书能够为相关领域的理论研究者和实践工作者提供一些有益的借鉴和启示，共同推动传统村落保护与发展事业的蓬勃发展。

最后，谨向所有参与本丛书编写的学者表示衷心的感谢。愿我们携手并进，共同守护好这份宝贵的文化遗产，让传统村落在新时代的阳光下生生不息，绽放出更加璀璨的光芒，为中华民族的伟大复兴贡献力量。

2023年6月于北京

前言

作为历史文化古都，北京拥有丰富的建筑文化遗产，传统村落是其中重要的组成部分。据统计，在北京市域范围内，被列入市级传统村落名录的有44个；其中，入选中国传统村落名录的有25个（5个被列为中国历史文化名村）。北京悠久的历史及鲜明的地域特色，使传统村落积淀出丰厚的文化底蕴。作为记录北京乡村地区传统生产生活方式，体现和谐人居生活环境的活态载体，传统村落一直是建筑、规划领域研究的重点，是挖掘传统营造智慧，构建优秀传统文化保护传承体系的重要源泉。

我对传统村落的研究，始于硕士研究生阶段。1995年研究生毕业后，我进入北京建筑工程学院（今北京建筑大学）工作，继续致力于传统村落的保护发展研究至今。从爨底下、焦庄户、岔道城、柳沟等传统村落的保护发展规划编制，菩萨鹿、黑山寺、司马台等新农村建设规划编制，到门头沟区、密云区传统村落集中连片保护利用实施方案的制定等。从国家自然科学基金项目到国家科技支撑计划项目，30余年的研究与实践，使自己与传统村落结卜了不解之缘。其间经历了一系列的政策变化：2005年的"新农村建设"，2012年住房和城乡建设部、文化部等多部委启动的中国传统村落遴选与保护发展工作，2017年开始实施的"乡村振兴战略"和"中国传统村落保护工程"，以及2020年财政部、住房和城乡建设部牵头实施的传统村落集中连片保护利用示范工作等。从中不难看出，传统村落的保护发展越来越受到国家及行业的关注、重视和支持。

2012年9月，国家传统村落保护和发展专家委员会第一次会议将习惯称谓"古村落"改为"传统村落"，以突出其文明价值及传承意义。本书仍使用"古村落"一词，其主要原因是本书的雏形是我在天津大学时撰写的博士论文，论文的研究聚焦于北京地区形成较早、历史积淀较为深厚的古村落；后依托国家自然科学基金面上项目"北京地区古村落空间解析"（项目批准号：50978011）的资助，对相关内容又做了更为系统的梳理和补充完善。

本书以北京古村落空间研究为切入点，主要包括以下三部分内容：

第一部分，北京古村落空间解析。

首先，从自然、人文与地域三个方面分析北京古村落空间的生成环境（第1章、第2章）。自然环境因素是北京古村落多种空间结构形式形成的基础，包含独特的地形、地貌和气候，以及丰富的河流水系资源。人文环境因素涉及传统的风水理论、规划思想，以及经济、宗教等因素。在其影响下，北京古村落呈现出规划布局合理、形制严格、功能与配套设施系统完善，以及非物质文化遗产丰富等整体特征。地域因素包括北京城市职能和历史地位的演变，以及移民活动等，是北京古村落与其他地区古村落的最大不同点。在上述三方面因素的综合作用下，北京古村落呈现出与城市的联结更紧密、发展空间更大、用地更为合理等特征，并形成了独特的村落风貌特色。

其次，从宏观、中观和微观三个层面分别解析了北京古村落的空间特征。

宏观层面（第3章），通过对北京自然地理因素的分析，认为古村落的选址及空间分布特征主要受制于生产力水平，体现的是人与自然的关系，本质上是"人-地"关系不断演进的过程与结果。

中观层面（第4章），基于社会学系统论的观点，认为北京古村落在空间形态上，一方面受自然环境因素的制约，形成以带状空间形态为主的村落布局；另一方面受社会功能因素的影响，形成以集团式、城堡式古村落为代表的某种具有功能意义的聚落形态；此外，受到人的参与行为的影响，形成聚落式或自由式的空间布局结构特征。

微观层面（第5章），通过对北京古村落内部空间的分析，认为北京古村落受不同生成环境的影响，而具有不同的空间布局、组织形态，以及内部空间形态的模式化，并从节点、街巷、院落空间等方面，对内部空间的模式化表现加以深入探讨。

第二部分，典型案例解析。

根据北京古村落的分布与类型，分别选择了自然聚落式、古商道沿线、古驿道沿线，以及长城沿线堡寨式四类古村落，进一步剖析北京古村落的空间结构与特征，并深度解析其公共空间的类型与特征等。

第三部分，实践应用。

研究团队自2010年起，历时4年，完成了北京市密云区古北水镇项目的规划与设计。该项目被列为"十二五"国家科技支撑计划示范项目，着重对传统聚落风貌特色的传承与创新路径等进行了积极探索。本书以此实践案例作为北京古村落空间研究的应用与示范。

目 录

01

绪论

1.1 研究背景、目的与意义

1.1.1 研究背景及现状

1. 新地域主义：古村落特色资源的开发

通过对近年来普利茨克建筑奖获奖建筑师的作品分析可知，自20世纪90年代以来，以探讨社会问题为主旨的新地域主义已在全球范围内悄然兴起。作为对城市建筑的新探索，新地域主义是指吸收本地的、民族的或民俗的风格，使现代建筑体现出地方建筑特定风格的一种创作趋势。但不同于以阿尔瓦·阿尔托为代表的现代主义建筑师对地域主义建筑的探索。新地域主义不再局限于通过采用本土建筑材料、有机建筑形式或注重功能的塑造，营建具有地域特色或人文气息的乡土建筑，而是更关注于对社会福祉、城市发展、人类活动等相关问题的探讨。其建筑创作不再局限于对建筑形式的本土化表达，而是强调对于经济、文化、生态等社会问题的反映。

在此背景下，我国建筑师也开始了本土建筑的新地域主义探索。但因我国是一个传统农业大国，相较于对城市建筑地域性的探索，许多建筑师更关注于对地域特色保存尚好的古村落、乡土建筑、传统民居的研究。特别注重对以古村落为代表的乡土建筑所面临的保护与发展这一课题的探索，力图在发掘古村落经济、文化与生态效益的基础上，探索中国本土建筑的发展道路。

对北京地区特色资源的开发，首先就是对其民俗旅游业的大力推广。自20世纪90年代初开始，随着京郊旅游产业的悄然兴起，北京周边村庄的民俗旅游地成为城市居民周末休闲的主要去处，旅游产业逐步成为郊区农村的主导产业之一。尤其是分布在山区周边的古村落，更以其自身特有的村落风貌和民俗、民风，加上村落周边山区得天独厚的自然资源，吸引了城市居民闲暇时前来参观游览，从而带动了村落的经济发展。

笔者自1997年参与门头沟区爨底下村的保护规划时起，就开始关注北京地区古村落的保护与发展问题。先后承担了门头沟区琉璃渠村、顺义区焦庄户村、延庆区岔道村等古村落的保护规划，亲历了北京郊区古村落由20世纪90年代的人口外迁（在城市就业与居住）到逐步回迁，从古村落的遇冷、萧条到逐步成为旅游热点区域的变化过程。实际上，北京郊区古村落分布相对比较集中的地区，历史上都曾经历过繁荣时期。如位于京西的门头沟区，其作为北京的西部屏障，历史悠久，民风淳朴，文化传承源远流长，是北京地区人类最早活动的区域之一。北京与河北、山西、内蒙古等地联络的"京西古驿道"就从该区穿过，正是依托于古驿道，才形成了很多极具历史与艺术价值的古村落。随着近代科技与生产力的提高，公路、铁路陆续被修通，古驿道逐渐遭到废弃，而古村落也渐渐失去了往日的辉煌。改革开放初期，快速的城市化使得古村落中的大量劳动力走出山区，进入城市寻求发展，"空村"现象开始出现，直至20世纪90年代初京郊的旅游业开始兴起。那时的"空村"现象已经颇为严重和普遍。也正是基于此种情况，才使得很多京郊古村落免受人为破坏，被完好地保存了下来，成为北京历史文化遗产的重要组成部分。

2．新农村建设：古村落发展模式的探索

新农村建设一直是我国现代化进程中的重大历史使命，也是各地政府全力推进的建设事业之一。新农村建设的大力推进，虽然极大地推动了村镇经济、文化、生活及其生成环境的改善与发展，但也使古村落、传统民居与乡土建筑的保存状况遭到了巨大冲击。对北京地区的古村落而言，随着京郊农村经济的快速发展，尤其是自2005年开始，伴随着新农村建设的快速推进，政府在农村建设方面的投入不断加大，给北京郊区农村带来了前所未有的发展机遇。开始实施新农村建设的几年间，作者曾先后承担了十多个村庄的规划编制任务。虽然在新农村建设中，北京市政府明确提出了以整治为主、避免大拆大建的建设原则，但我们还是深切地感到，在新农村建设过程中，如何正确处理古村落的保护与发展是一个必须面对的重要课题。盲目建设、推倒重来的方式是不可取的，但盲目维护、因循守旧也同样无法很好地解决旧格局与新需求之间的矛盾。只有在避免"建设性破坏"的同时，正确处理新与旧的矛盾，才能探索出一条古村落保护与发展的恰当模式。

3．古村落空间：古村落场所精神的塑造

在建筑层面探讨古村落的保护与发展，目的是展现古村落的文化、生态与经济价值，重塑其场所精神。在这里，是把古村落的空间结构与形态作为灵魂与核心进行深入研究，而不是简单地就其形式进行讨论。这一宗旨是认识和评价古村落历史、文化与科学价值的正确途径，更是处理好古村落保护与发展关系的关键所在。特别是北京地区的古村落，其空间结构与形态有着丰厚的文化内涵、极强的生命力和持续发展的合理性。其场所精神应当同时展现出作为古代都城周边村落所独具的历史

风貌，以及现代大都市辐射范围内古村落所应具备的空间结构及其属性特征。

1.1.2 相关问题的提出

1. 全球化与地域性的碰撞

在当今全球化的时代背景下，由于全球联系的不断增强，呈现出国家与地区之间在政治、经济、文化上相互依存的一体化趋势，同时也导致了城市规划和建筑创作等领域的趋同化现象。为了应对这一愈演愈烈的趋势，重新唤起民族自信，国际上许多建筑师开始追求本土建筑艺术特色，再次专注于对本土建筑地域性和民族性的塑造。特别是对于像中国这样的发展中国家而言，经济建设上的全球一体化与文化建设上的地域主义之间的矛盾更为凸显。城市中的大部分地区都失去了个性，彼此十分相似。全球化对中国的城市与建筑带来的最大影响就是城市化的快速发展与城市规划以及建筑设计领域内国际建筑师的参与。中小城市在城市化的过程中逐渐失去了特色，在城市空间尺度和形态上模仿大城市。全球化话语淡化了中国建筑和东方文化的主体意识，由此引发了城市空间和形态的趋同现象。[①]基于如此巨大的机遇与挑战，中国建筑师开始意识到城市地域性塑造的重要性，并注重于对古村落空间的保护与发展，并使其成为一种展现我国地域特色与本土民俗文化的重要途径之一。

2. 新农村建设与古村落保护的碰撞

随着新农村建设的逐步推进，我国古村落面临"是保护还是发展"这一重大抉择。相较于城市建设而言，我国村镇建设普遍存在的问题就是经济建设快速发展与文化建设相对滞后之间的矛盾。这一矛盾直接导致我国古村落极度衰落，传统民宅因受城市扩张、现代建筑挤占和道路交通等基础设施改扩建的影响，被大面积拆除。同时，古村落还面临流动人口较多而导致的环境管理较差等一系列问题。

虽然地方政府制定了相关保护措施，但是由于古村落文化、经济上所具备的发展潜力没有得以充分挖掘，致使现有的村落格局与传统民居难以满足当代建筑的使用要求；同时，由于缺乏对村民使用行为的引导，村民的保护意识相对薄弱，导致古村落的生存状态堪忧。因此，亟

---

① 郑时龄. 全球化影响下的中国城市与建筑 [J]. 建筑学报，2003，2：7.

须在制定保护与发展、继承与创新、物质与非物质文化建设并举的保护方针的基础上，合理制定行为引导措施，提升民众的保护意识与参与意识，从而实现古村落和传统民居的合理保护与可持续发展。

3．空间新职能与空间原结构的碰撞

古村落的保护与发展所面临的最大问题，反映到建筑层面就是空间新职能与空间原结构的矛盾。随着人们生活方式、交通系统以及生成环境的转变，古村落的原有空间格局以及建筑空间已经不能满足当代人的使用需求。因此，如何使古村落保护与城镇化发展的相关法规规划得以更好地落实，如何使古村落建筑更为符合现代建筑的结构技术、安全指标，如何在使用过程中，达到保护的目的，以及如何更好地体现古村落的历史、文化、地域及经济价值，这是摆在中国建筑师面前的较大挑战，也是本书将要讨论的重要内容之一。

1.1.3 研究目的与意义

针对当前古村落保护与发展中面临的问题，本书试图在已有研究的基础上，运用社会学的理论与方法，采取建筑学与社会学、地理学、文化人类学等多学科交叉的方式，对北京古村落空间进行研究，其目的和意义主要体现在如下三个方面。

1．充分挖掘与展现古村落的历史文化价值，提高人们的遗产保护意识

古村落作为中国传统文化之根，是中国古人生产、生活与生存的主要载体。本研究根据北京的自然与人文环境特点，以古村落的空间结构与空间形态为切入点，从社会学的视角，对村落现状进行深入调研；并在此基础上，运用多学科交叉的方式，对北京古村落的空间分布与空间形态特征等进行系统研究，深层次揭示古村落的历史、文化价值。

2．丰富和完善北京古村落研究的理论体系

当前，随着国家对传统村落保护与发展的重视，北京郊区古村落的研究已成为业界研究和关注的重点。近十几年来，围绕北京古村落已经开展了大量的基础性研究，尤其是针对村落个案的调查研究，先后形成并出版了大量的研究成果，为后续研究奠定了基础。但总体来看，有关北京古村落空间层面的研究成果还比较少，特别是从跨学科层面对北京地区古

村落的分布规律、空间结构与形态等开展的专题研究更显薄弱。因此，本书对北京古村落空间体系的建构，对丰富和完善北京古村落研究的理论体系均有一定的参考价值。

3. 探索一条融遗产保护与可持续发展于一体的城乡发展之路

在对北京古村落空间进行解析的基础上，将古村落保护与现实发展相结合。通过具体工程实例，对古村落风貌特色的传承与再生、古村落原有空间形态与当下居住空间新职能的有机融合与重塑等进行了尝试，探索出了一条融遗产保护与可持续发展于一体的城乡发展之路，并为我国新型城镇化发展提供了建设性意见和可供借鉴的经验。

1.2 研究对象与重点问题

1.2.1 研究对象

北京乡村聚落的发展历史久远、数量众多。在历史发展的过程中，不同地理位置的村落，其空间形态与构成规律等各有特点。在研究过程中，笔者发现影响北京地区村落空间形态构成与演变的因素是多元的，具有很强的地域特点。唯有以整体的视角去研究，才能解释这一地区村落空间形态的独特性。在研究过程中，首先对北京地区的古村落进行了系统全面的分析，参照住房和城乡建设部、文化部、国家文物局等联合制定的《传统村落评价认定指标体系（试行）》（2012年8月22日颁布），对现有古村落进行了遴选，最后确定以85个古村落为研究调查的基础（表1-1）。同时，为了使成果更好地体现北京地区的特殊性，研究过程中对于受到北京地区典型因素影响的村落进行了重点关注。

北京市传统村落统计表（共计85个） 表1-1

区	乡镇	村落名称	始建年代	人口（人）
昌平区（8个）	小汤山镇	后牛坊村	明	2800
	流村镇	长峪城村	明	375
		漆园村	明	1693
		白羊城村	清	390
	十三陵镇	涧头村	元以前	2068
		德陵村	明	540
		康陵村	明	245
		茂陵村	明	299
朝阳区（3个）	金盏乡	金盏村	元以前	3499
	黑庄户乡	万子营东村	清	1028
	王四营乡	马房寺村	明	2509
大兴区（4个）	礼贤镇	西里河村	元以前	1832
	榆垡镇	太子务村	元以前	2769
	魏善庄镇	前苑上村	明	836
	长子营镇	白庙村	明	700
房山区（12个）	良乡镇	张谢村	清	1100
	大石窝镇	石窝村	元以前	3140
	张坊镇	穆家口村	元以前	631
	青龙湖镇	南观村	明	718
	南窖乡	水峪村	明	1296
		南窖村	明	3059
	佛子庄乡	黑龙关村	元以前	656
	大安山乡	寺尚村	明	470
	史家营乡	金鸡台村	明	2284
		杨林水村	民国	1144
		莲花庵村	明	1378
		柳林水村	明	3500
海淀区（3个）	苏家坨镇	车耳营村	明	340
		七王坟村	清	314
	上庄镇	李家坟村	清	314

区	乡镇	村落名称	始建年代	人口（人）
门头沟区（17个）	大台街道	千军台社区	元以前	981
	王平镇	东石古岩村	明	131
		落坡村	明	230
	龙泉镇	琉璃渠村	元以前	750
		三家店村	元以前	736
	雁翅镇	碣石村	元以前	153
		苇子水村	明	522
		付家台	明末	280
	斋堂镇	杨家峪村	元以前	231
		爨底下村	明	94
		黄岭西村	明	336
		灵水村	元以前	800
		马栏村	明	810
		西胡林村	元以前	612
		沿河城村	明	870
	清水镇	张家庄村	明	399
		燕家台村	元以前	618
密云区（13个）	十里堡镇	靳各寨村	明	1487
	巨各庄镇	蔡家洼村	元以前	1662
	不老屯镇	燕落村	元以前	4100
	穆家峪镇	上峪村	明	210
	冯家峪镇	白马关村	明	372
	古北口镇	潮关村	元以前	489
		河西村	元以前	162
		古北口村	元以前	1060
	东邵渠镇	西邵渠村	元以前	2006
	新城子镇	曹家路村	明	1970
		吉家营村	明	582
		遥桥峪村	明	796
		花园村	明	658

区	乡镇	村落名称	始建年代	人口（人）
平谷区（4个）	山东庄镇	山东庄村	元以前	3920
	刘家店镇	北吉山村	元以前	980
		前吉山村	元以前	460
		北店村	元以前	480
顺义区（1个）	龙湾屯镇	焦庄户村	明	1337
延庆区（14个）	康庄镇	榆林堡村	明	1920
	八达岭镇	岔道村	明	1153
	张山营镇	东门营村	明	952
		西五里营村	明	1790
	延庆镇	双营村	明	480
		八里庄村	明	1014
	大榆树镇	大泥河村	明	1733
		小张家口村	明	720
	井庄镇	柳沟村	明	1255
	大庄科乡	霹破石村	明	300
	四海镇	四海村	元	753
	永宁镇	永宁镇社区	明	5989
	千家店镇	花盆村	明	524
	香营乡	小川村	明	32
通州区（1个）	漷县镇	张庄村	明	1160
怀柔区（3个）	琉璃庙镇	杨树下村	清	564
	杨宋镇	北年丰村	明	2651
	九渡河镇	二道关村	明	135
丰台区（2个）	王佐镇	怪村	不详	1277
		庄户村	不详	694

1.2.2　研究重点

1. 整体观：宏观层面北京古村落的空间结构

所谓整体观，是基于事物之间内在联系的观点所形成的思想方法，认为在任何场合都必然存在着一个把发生联系的各个事物包含在内的整体。整体观方法主要着眼于对象之间发生联系的行为规律，以及对整体和部分之间关系的认识，并认为基于某种目标而发生联系的事物单元，均需经历从初级无序的自发行为，到高级有序的自觉行为的演变过程。并在这个过程中相互作用，进而使最终形成的事物整体在内容上多于其部分的总和，并形成新的事物。

基于整体观探讨北京古村落空间结构的基本特征，则强调在空间层面对古村落的形成规律及其相互间关联性的分析。即在地理空间范畴，分析北京古村落从最初无序、自发的建设行为，发展到目前有序、自觉的设计行为的营建过程，进而总结北京古村落在宏观整体布局上的一般规律。此外，在其逐渐形成的过程中，如将北京地区理解为古村落生存空间的整体，各个古村落为构成空间整体的单元，则可发现各古村落之间的关联性及其所具有的"整体大于部分之和"的特征。即借由功能补给或某种需求，相互作用，实现资源整合。因此，基于整体观探讨北京古村落的宏观空间结构，而非单纯研究个体单元的空间特征，才是研究古村落空间的正确思路。

2. 系统观：中观层面北京古村落的空间形态

所谓系统观，是基于系统论的有机整体观念，强调将所研究和处理的对象作为一个系统，分析系统的结构和功能，研究系统、要素、环境三者的关系和变化规律，并寻求系统整体优化的各种可能的途径。运用系统论方法研究古村落的空间结构，是指将古村落的空间形态视为一个系统，分析其空间结构和功能，研究古村落空间、空间要素与空间环境三者的关系和变化规律，并借此分析系统整体优化的各种可能。在这里，由于构成古村落空间系统的构成要素既包括其赖以生存的自然生态环境，也包括人工环境，并与所处的社会环境相关，从而借由"形"的差异以及"意"的不同，构筑具有不同特征的空间形态；即强调对古村落空间形态构成的系统性进行研究。

就北京古村落空间形态的系统性而言，一方面受到自然环境因素的影响，如沿河或山麓地带设置的北京古村落，形成带状空间形态；另一方面则受到使用者设计行为的某种制约，形成或为聚落整体式空间系统，或为自由散落式组织结构。再者，还强调受到社会环境因素的制约，由于特定的社会功能需求，形成基于功能补给而建构的集团式古村落和基于军事需求而形成的城堡式古村落等多种聚落形式。

3. 模式比较：微观层面北京古村落的内部空间

模式比较又称类型比较，最早是由费孝通在研究中国农村社会问题时提出来的一种研究方法。他认为："如果我们能对一个具体的社区，解剖清楚其社会结构里各方面的内部联系，再查清楚产生这个结构的条件，可以说有如了解了一只'麻雀'的五脏六腑和生理循环运作，有了一个具体的标本。然后，再去观察条件相同和条件不同的其他地区，和已有的标本作比较，把相同和相近的归在一起，把不同和相去甚远的区别开来。这样就出现了不同的类型或模式了，这也可以称为类型比较法"。可见，基于模式比较的研究方法对古村落空间特征进行分析，就是强调通过不同类型社区之间的比较来阐述相关问题。借由对不同时代、不同地区的古村落空间现象进行比较和分析，发现它们的共性和差异，并把握其中的规律。这种研究方法既涉及对不同时空的比较，也涉及定性、定量的比较，以及主观比较和理论与现实的比较等具体方法。因此，进行模式比较的对象也将是一种具体的空间实体，本书即试图在街巷空间的平面与空间形态、古村落的内部空间节点等方面，对北京古村落进行类型梳理。

02

北京古村落的
生成环境

受自然、人文、地域，以及时代因素的综合影响，北京古村落的生成环境具有其特殊性，概括来说，包括自然环境与人文环境两大类。自然环境是指北京地区独特的地形、地貌和气候，以及丰富的河流水系资源，这也是北京古村落多种空间结构形式形成的基础。人文环境则体现为传统的风水理论、规划思想，以及北京地区的经济、宗教等因素。从而使北京的古村落空间呈现出规划合理，形制严格，建筑功能与配套设施系统完善，艺术风格多元、包容，且非物质文化遗产异常丰富等整体特征。此外，北京古村落的地域环境与其他古村落的最大不同，还在于北京城市职能与历史地位赋予周边古村落的不同风貌，以及来自北京地区移民活动的影响。从而使其展现出与城市联系更密切（交通更便利）、发展空间更大、用地更为合理等特征。

2.1　自然因素

北京市位于华北平原与太行山脉、燕山山脉的交接部位。地跨北纬39°28′~41°05′，东经115°20′~117°30′，总面积约16400平方公里。其中山区面积10200平方公里，约占62%；平原面积6200平方公里，约占38%。北与河北省赤城县、丰宁满族自治县、滦平县交界，南与河北省涞水县、涿州市、固安县、廊坊市接壤，西与河北省怀来县、涿鹿县为邻，东与河北省兴隆县、三河市、大厂回族自治县、香河县相连，东南距渤海约150公里（图2-1）。

正如北宋范镇之所述："幽州之地，左环沧海，右拥太行，北枕居庸，南襟河济，诚天府之国"。北京西部为太行山余脉的西山，北为燕山山脉的军都山，两山在南口关沟相交，形成一个向东南展开的半圆形大山弯，即"北京弯"。它所围绕的小平原即为北京小平原。北京为典型的北温带半湿润大陆性季风气候，四季分明，夏季高温多雨，冬季寒冷干燥。此外，虽然北京地区天然河道自西向东有5大水系，境内却没有天然湖泊，故目前设有水库85座。

北京古村落的空间结构受地形条件制约，村落的一般特征是：平原地区多呈矩形，山麓、沿河地带多呈带状。受气候因素的影响，使整体布局多具有明确的方向性，且密度适中。与其他平原、山地或沿河区域的古村落相比，北京古村落所呈现的矩形空间结构规模更大，其带状布局的水平扩张范围也更广。此外，与北部严寒地区和江南水乡地区相比，其村落布局规划性更强，建筑形制也更严格，且空间密度适中。

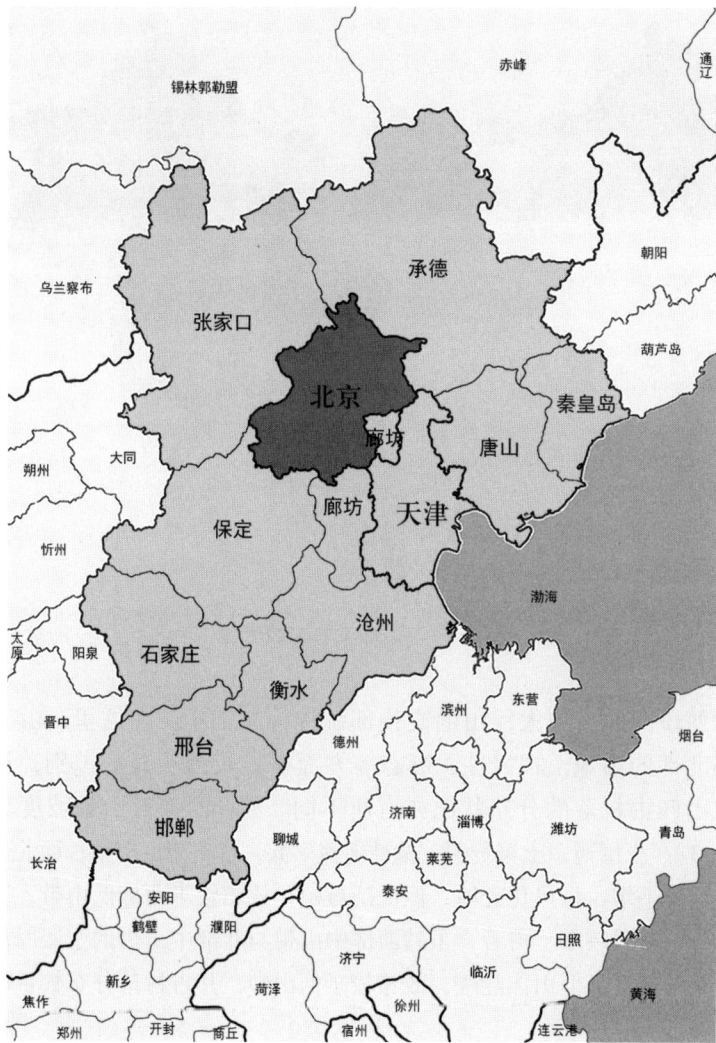

图2-1　北京市区位图

2.1.1　地形地貌特征

　　北京地区地形地貌的总体特征是西部、北部和东北部是山地，中部、南部和东南部是平原，地势西北高、东南低。其中，山地多数是海拔500～800米的低山和海拔800～1500米的中山。最高峰是位于门头沟区清水镇的东灵山，海拔2303米；其次是海坨山、雾灵山、百花山等，海拔在2000米左右（图2-2）。西部山区统称北京西山，属于太行山北段的一部分。北部、西北部和东北部山地属燕山

图例
- −121～180米
- 180～438米
- 438～715米
- 715～1069米
- 1069～2306米

图2-2　北京海拔高程图

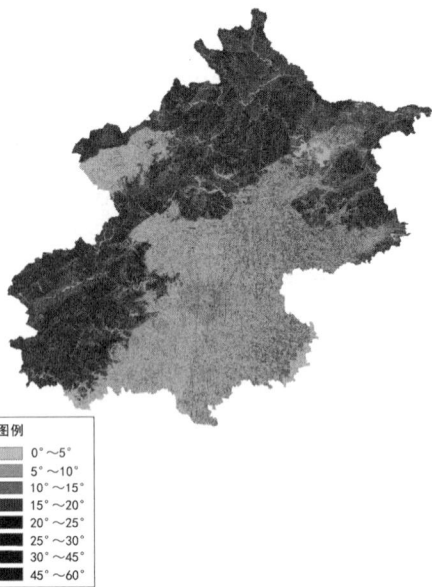

图例
- 0°～5°
- 5°～10°
- 10°～15°
- 15°～20°
- 20°～25°
- 25°～30°
- 30°～45°
- 45°～60°

图2-3　北京坡度分析图

山脉西段，燕山与太行山的交接部统称为军都山。在这里，由于西部和北部的山地，在岩性、形态等方面有着较为明显的差别，从而导致山区古村落的分布状况亦有所不同。如：西部低山带坡度较大（图2-3），土层薄，土壤贫瘠，植被覆盖率低，水土流失严重；而北部低山带地势平坦，虽风化壳厚，但广泛垦殖，故相较于西部低山带，其古村落分布数量较多。再者，虽然西部中山带与北部中山带的土层厚度、植被状况较好，但山体陡峻，故相较于低山带，其古村落分布数量较少（图2-4）。

除大面积的山体地貌外，北京地区有约6200平方公里的平原地带，称为北京小平原。作为永定河、潮白河、温榆河、拒马河、大石河、沟河等洪积扇、冲积扇的联合体，华北大平原的西北隅，北京市的平原区域高程多为30～50米。通州区东南部在海拔20米以下，地势平坦，土壤肥沃，水利发达，灌溉方便，素有"水甘土厚"的美誉。即便是地处居庸关外、地势较高的延庆小盆地，因

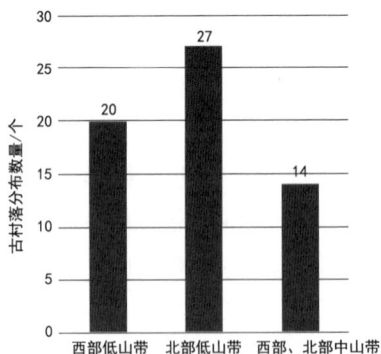

图2-4　北京山区范围内现存古村落分布数量

其由一系列洪积扇与妫水河冲积小平原构成，同样水丰土沃，宜于耕作（图2-5）。

除山地和平原地形外，北京古村落还集中于山地与平原的交接地带，即山麓地带。并借由山地地形的千姿百态，平原地区的平坦开阔，使北京地区的古村落空间结构更加丰富多样，极具研究的典型性。

1. 山地区域

山区古村落分布的一般规律是依山而建，顺山势发展，通常选择山顶或沿交通要道进行建设。空间形态则通常沿等高线或垂直于等高线作线性延伸；规模大者，则混合使用平行于等高线和垂直于等高线两种布局模式，呈树枝状或网格状水平布置。与浙江、湘西一带的山地不同，北京地区的山地多为低山或中山类型，山形走势相对平缓，适合广泛垦殖，因此北京山地区域内的古村落，在空间规模、空间形态等方面均体现出不同的特征。

在选址与形态上，多选择在山区相对平缓的区域建村。在布局形式上，建于山地的北京古村落，平面尺度相对较大，布局紧凑，注重与交通干道建立联系，因多沿等高线布置，故呈带状空间结构的古村落较为常见。在街巷形态上，与其他山地古村落相比，其街巷等级分明，尺度稍大，主街数量较多，且多呈十字形、丰字形或井字形布置。在建筑布

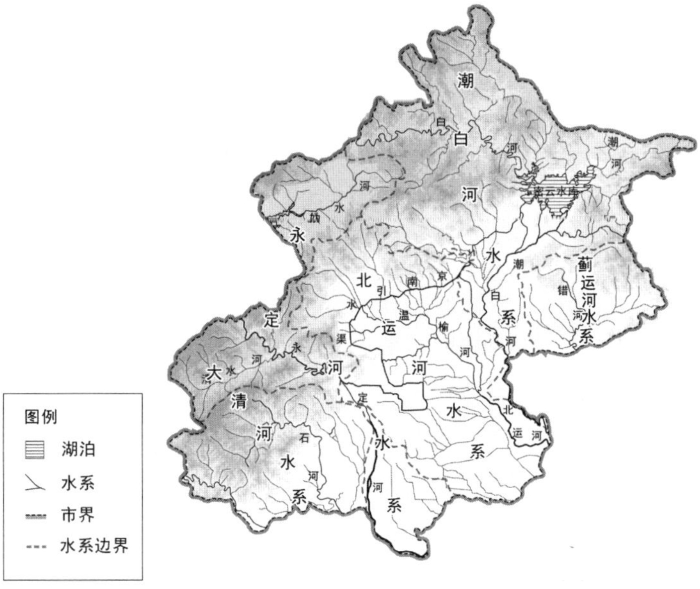

图2-5 北京市河流分布图

局上，合院式布局的民居建筑较多，且注重通过布局提升建筑的保温与采光性能。在影响因素上，除受自然因素的影响外，受到经济、宗教、文化等因素的影响更为深远，特别是作为都城周边古村落，受都城文化及北京城市职能的影响更为突显。

2．平原地区

平原地区古村落分布的一般规律是多选择交通便利、易于耕种的旱地耕作区进行建设，并且为了追求最大的耕作半径，而将村落聚集在一起，形成矩形、方形、圆形，或多边形等平面布局形式。其规模大小往往根据居住人口数量以及当地自然资源的情况而定。如在河网稠密地区，为了避免洪涝，村落通常沿河岸附近地势较高处分布。通过分析宁波、汉江、北京平原地区古村落的生成环境，发现与前两者相比，北京地区的平原地带地势较平坦，水丰土沃，宜于耕作，适于人居，故其古村落规模相对较大，且在空间规模、形态，以及建筑形式等方面具有不同的特征（表2-1）。

在布局上，平原地区的北京古村落，居住人口较多，平面尺度相对较

平原地区古村落的生成环境及建置特征　　　　　　　　表2-1

区域	分布及布局形式	街巷形态	建筑形态	影响因素
宁波平原	多呈方形平面格局；因该地区水系发达，故常在村落四周设置护村河，并常将河水、人工水塘等水源引入村内，使村内河网发达	街巷规整，由主街、次街、巷道构成；大多由一条大街笔直地穿过全村，主街一般3～4米，次街2～3米	有不带天井的散屋，以及带天井的各类天井院等	自然、经济、技术、宗教、耕作半径以及水系资源
江汉平原	分布及布局规律显著：75%以上的古村落设置在平原区域地势较高的位置，80%以上的古村落距离平原区域地势较高处不超过50米的距离	街巷规整，同样由主街、次街、巷道构成，因多数分布在地势高处，故街巷竖向落差大的情况十分普遍	由于气候炎热、潮湿，建筑布局通常采用以天井为中心的合院布局	自然、经济、宗教以及江汉平原的农耕文化
北京小平原	多在有利于农耕的区域进行建设；布局形式多呈规整的矩形、方形，或随交通干道走向布置成多边形，规模较大；房屋布局均呈规整的行列式	街巷规整，有主街、次街和巷道，等级分明；主要道路多呈十字形或井字形布置，且其宽度较大	呈合院布局形式，多为坐北朝南	自然、经济、宗教、交通以及北京的城市职能和政治地位

大，布局紧凑，且与交通干道联系紧密。与其他平原地区的古村落相比，街巷等级更为明确，竖向高差变化不大，主街数量较多。在建筑形式上，体现了包容性。而在影响因素上，北京地区城镇发展速度较快，平原地带古村落的发展受人口迁徙的影响更大，其生成环境的变化也更大。

3. 山麓地带

山麓地带的海拔比平原地带高，比山坡地势平缓，多有泉水出露，交通条件较为优越，适于早期人类居住，因此留存了大量古村落。北京地区山麓地带古村落，以京西门头沟一带最为典型。门头沟区的山地处于平原与高原之间，位于中国第二、第三台阶地形的过渡地带——北京平原与内蒙古高原、黄土高原之间。区境内山脉呈现自西北向东南阶次降低的四道台阶地形。每道台阶大梁之间均为较长的沟谷，便于通行。门头沟区的平原区域仅占总面积的1.5%，其余都是绵亘的山地，地势由西北向东南倾斜。

据考证，门头沟区古村落的名称多与地理环境有关，如杨家峪、桑峪、柏峪等。"峪"有深山峡谷之意。如杨家峪村是建在高山下的坡谷地带，四面环山，层峦叠嶂，植被繁茂。这里的房舍和青山、绿树、田野融为一体。桑峪村四面环山，北面以山地梯田为主，东部地势平坦，呈盆地形。自然地貌形成的山地沟谷纵横，千万年来洪水冲积原生黄土层，淤积成东部地带的良田沃土，为古桑峪村民农耕狩猎、植桑种麻提供了得天独厚的优越条件。桑峪村北部的大金牛山脉由西向东延伸横卧，连绵起伏数十公里，巍峨雄浑，是古村落的天然屏障。历史文化名村爨底下村、柏峪等村也位于这样的地理环境之中（图2-6、图2-7）。

2.1.2 气候特征

北京的气候特征是四季分明，冬季寒冷干燥，夏季高温多雨，冬春降水少，夏秋降水多。

如北京地区冬季盛行西北风，夏季盛行东南风，由于受山脉、河谷的影响，局部地域的风向有变化，如延庆盆地冬季多西南风；古北口地区冬季多东北风，夏季多西南风；房山霞云岭地区则常年刮南风等。又如，北部山地迎风坡降雨多于背风坡，如平谷区将军关、怀柔区八道河、通州区枣林庄、房山区漫水河等地，都是著名的多雨中心，多年平均降水量在700毫米以上；而山后的康庄（延庆区）则是全市降水最少的地区，为416.9毫米。在山区虽处同一区域，由于山脉的屏障作用，仅一山之隔，

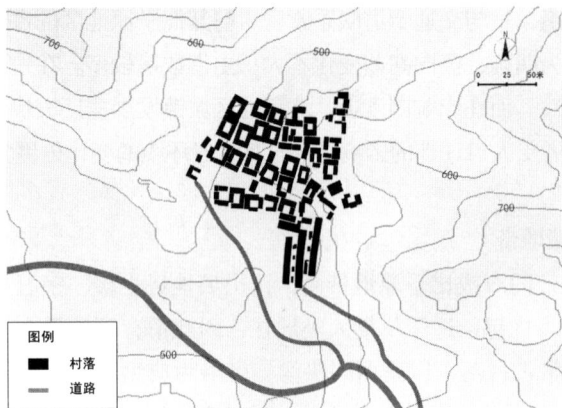

图2-6 门头沟区斋堂镇杨家峪村所处山地环境（已拆）

图2-7 门头沟区斋堂镇桑峪村所处山地环境

降水量却相差悬殊。如西山的百花山、老龙窝阳坡的史家营、大安山等地，年降水量都在700毫米左右；越过山岭处于其阴坡的斋堂、青白口等地，年降水量则只有500毫米。房山区自古就有"人之源""城之源""都之源"之称，是阻挡西北游牧民族侵扰华北平原的一道天然屏障。

鉴于此，通过对南、北方古村落生成环境的比较，整理出因受气候因素的影响，不同地区的古村落在空间布局、结构形态等方面存在的差异性；并在此基础上，结合北京地区特有的气候类型，总结出北京古村落特有的生成环境及其空间结构的营建特色。

1. 南北方古村落生成环境的比较

我国南北方气候差异较大，古村落的生成环境及其空间结构存在较大的不同。首先，南北方的气温差异大。北方地区夏季炎热，冬季寒冷，温差变化十分明显；而南方地区则夏季高温，因秦岭等山脉的阻挡，受冬季风影响小，因此冬季较为温暖，温差变化比北方小。受此影响，南北方古村落的生成环境及其空间结构各不相同，主要表现在南方古村落人口较多，空间密度小，建筑布局集中，街巷空间狭窄；但因气候宜人，人们喜好户外活动，故公共空间较多；建筑形式多挑檐、外廊等要素，较为开敞。相反，北方古村落人口较少，空间密度大，建筑布局相对分散，街巷空间尺度相对较大；但因冬季气候寒冷，人们更喜好室内活动，公共空间较少；建筑普遍注重采光和冬季采暖。

同时，南北方降水差异大，南方气候湿润，降水多，雨季长，水资源十分丰富；而北方气候干燥，雨季短，降水少，并且冬季还有降雪霜冻。受降雨量不同的影响，南北方古村落的生成环境及其空间结构的不同点，主要表现在南方古村落多设置在具有高差变化的区域，以便于排水，且村内排水系统发达；建筑形式也多采用带有天井排水的合院，同时建筑的屋面坡度较陡。而北方古村落多设置在地势平坦的区域，尽量靠近水源，以便于耕作灌溉，且建筑的屋面坡度相对平缓（表2-2）。

2. 北京古村落与其他北方古村落的生成环境比较

尽管北京是北方城市，但相较于东北、内蒙古自治区等地的北

受气候影响南北方古村落生成环境比较　　　　　　　　　表2-2

南方古村落		北方古村落	
气候特征	生成环境、空间结构	气候特征	生成环境、空间结构
气候宜人（人口众多）	空间密度小，布局集中	气候恶劣（人口较少）	空间密度大，布局分散
	街巷空间狭窄，公共空间较多		街巷尺度较大，公共空间较少
	多在户外活动		多在室内活动
水资源丰富	空间布局与水资源相结合，街巷道路弯曲较多	水资源不足	街巷道路平直，等级分明
	入口多以水口为标志		入口多以石碑为标志
雨水多	古村落常位于有坡度的区域，利于排水	雨水少，有雪	古村落常位于地势平坦且易于耕作的近水区域
	建筑屋面坡度大		建筑屋面坡度小
气温较高	建筑设外廊或挑檐	冬季气温低	设置采暖设施
	通风、遮阳比采光重要		采光、纳阳比通风重要

方古村落而言，北京的冬季相对时间较短，气温相对较高，降雪量也较少；夏季雨期较长，气温较高。独特的气候条件导致北京地区的古村落生成环境及其空间结构呈现出不同的特征。首先，尽管北京冬季较为寒冷，但是总体而言气温适宜。此外，北京地区的居住人口比其他北方古村落多，故北京古村落虽然空间尺度大，建筑密度高，布置集中，但街巷空间却很宽敞，室外活动空间也相对较多；建筑注重采光、通风、采暖设计。其次，尽管北京的降雨量较南方城市少，但因冬季有雨雪，水系较为发达，故北京古村落多建在有高差变化的区域，且尽量与水资源结合，从而在街巷空间以及村口标识（有的村落以水口为入口）等方面，均体现出与其他北方村落的不同。

2.1.3　河流水系

在历史上，北京地域内天然湖泊等水资源异常丰富，境内大小河流共有两百余条，分属潮白河、永定河等五大水系。这些河流均由西北向东南流淌，在历史上曾水量较大，不但塑造了北京小平原，还有利于航运和灌溉。尤其是潮白河水系与温榆河水系，还成为北运河漕运的主要供水渠道，进而保证了京师漕运数百年不衰。但由于均从黄土高原和内蒙古高原奔流而来，永定河、潮白河水系因上游流域（黄土高原）植被遭到破坏，导致水土流失严重，河流含沙量大，下游泥沙淤积，河床抬高，常泛滥成灾。特别是在降雨集中的夏季，更易形成巨大洪流，导致历史上北京地区的主要河流具有善徙、善淤、善决的特点，常常造成严重的洪涝灾害。鉴于此，20世纪50～60年代，北京市开始修建官厅、密云、怀柔等水库，使得永定河、潮白河下游现已基本干涸，但其上游水库却至今都是北京市的主要水源。

通过分析沿河而建的古村落，探究其生成环境与空间结构的一般规律。同时，结合北京地域内水资源的具体情况，分析北京地区沿河而建的古村落的典型特征与营建策略（表2-3）。

北京水资源分析表　　　　　　　　　　　　　　　表2-3

名　称		记　载	特　征
天然湖泊	莲花池	《水经注》载："湖东西二里，南北三里，盖燕之旧池也；绿水澄澹，川亭望远，亦为游瞩之胜所也"	古称"西湖""太湖"，位于广安门外，被称为北京的摇篮，有"先有莲花池后有北京城"之说，距今已有三千多年的历史

名 称		记 载	特 征
天然湖泊	夏泽与谦泽	《水经注》载："鲍邱水（今潮河）又东南入夏泽，泽南纤曲渚一十余里，北佩谦泽，渺望无垠也"	夏泽与谦泽是两个很大的湖泊，两湖位于今通州区东南部以及三河、大厂两县境内
	延芳淀	《辽史·地理志》载："延芳淀方数百里，春时鹅鹜所聚，夏秋多菱芡"	这是北京历史上见于记载的最大的一个古湖泊，于清代中后期消失
	金盏儿淀	"广袤三顷，水上有花如金盏，因名"	明代湖泊，在通州北25里处，现已消失
泉	德胜门西北的满泉	"德胜门之西北东鹰房村，有称为满井者，广可丈余，围以砖甃，泉味清甘，四时不竭，水溢于地，流数百步而为池，居人汲饮赖之；蔬畦相错，灌溉甚广；盖郊北之水来自西山泉源，随地涌出，固无足异"	满泉又称自溢井；从"满井"这个名称，可以想见当年泉水之旺；北京郊区这样的满井很多，如在朝阳区、昌平区、石景山区，均可见到"满井"地名，说明这些地方过去都有实实在在的满井
	安定门满泉	"出安定门循古濠而东三里许，有古井一，径五尺余，飞泉突出，冬夏不竭；好事者凿石栏以束之，水常浮起，散漫四溢。井旁苍藤丰草，掩映小亭，都人探为奇胜"	
	顺义区满泉	"顺义县有井，一日三溢，海潮则大溢，相传源与海通；民疏其水为渠，灌田百亩，号曰圣井"	
	百泉	百泉，"平地涌出，不可胜数，大者有三：一曰原泉，清深澈底；一曰黄泉，流沙浑漫；一曰响泉，其声似闸；然广宽俱不过丈许"	位于北京昌平区，其泉眼处平地涌水，不计其数，其中较大的泉眼处有原泉、黄泉、响泉
	黑泉	黑泉，"水色甚恶，望之泓然，而黑流甚涌，鬐沸而出，水中泛泛然有金沙；乡人刓渠引流，莳秔稻菱藕之属"	黑泉是根据泉水色泽而命名的
	百眼泉	"百眼泉，在（延庆）州城南三里，相传百窍涌出，故名；今湮"	相传在延庆区曾有由100个泉眼组成的泉水，可惜现已不存
河流水系	永定河水系	妫水河、清水河、天堂河、龙河、高粱河等	过境河流，自西北向东南流淌
	北运河水系	南沙河、北沙河、东沙河、蔺沟、清河、凤河、港沟河、坝河、通惠河、凉水河、小中河等	发源于北京市境内的水系，由西北向东南流淌
	潮白河水系	黑河、天河、汤河、渣汰河、琉璃河、沙河、怀河、雁栖河、白马关河、安达木河、清水河、红门川河、箭杆河等	过境河流，由西北向东南流淌

名　称		记　载	特　征
河流水系	拒马河水系	拒马河、大石河、挟括河、胡良河、小清河、刺猬河等	过境河流，由西北向东南流淌
	蓟运河水系	沟河、错河、金鸡河等	蓟运河干流不在北京市境内，由西北向东南流淌

1. 沿河而建的古村落生成环境

沿河而建的古村落一般存在两种情况，即在平原地区沿河而建或在山地结合山水元素进行营建。其中，在平原地区沿河而建的古村落通常会选择河流中下游地势平缓、土壤肥沃、水资源丰富、交通便利的地带进行建设。首先，河流由高向低流淌，会把上游的泥沙带到中下游，形成冲积平原，有较宽敞的土地，可为古村落提供适宜的生成环境；因此，在这里选址建设的古村落，其空间结构主要受到冲积平原规模、形状的影响。其次，河流中下游一般土质疏松、土壤肥沃，利于农作物的种植；因此，在这里选址建设的古村落，其空间结构还受耕作半径的影响。再次，河流中下游有充足的水源，可用于农业灌溉和饮用，为古村落提供了良好的人居环境。最后，受交通组织的影响，河流中下游地势平坦，有利于公路运输；位于河流旁有利于水路运输，从而为古村落带来发展的潜力；由此可见，沿河而建的古村落，其空间结构更多地受到了区域间交通组织的影响。

而在山地区域沿河而建的古村落，通常形成三面环山、一面临水，或一面靠山、三面环水的布局。无论是何种布局形式，古村落均居于山水之间，依山面水而建，强调利用自然山水的屏障功能。而此类古村落也多在山水之间地势较高且相对平坦开阔、土壤肥沃，便于与外界相通的地带选址营建，并使其空间结构多随山水的走向呈带状布局（图2-8）。

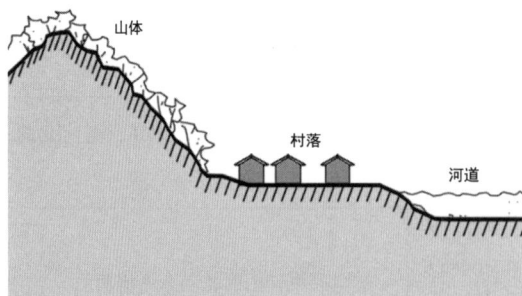

图2-8　山水与古村落的布局关系

2. 沿河而建的北京古村落

以北京历史上最为活跃的水系，即流经门头沟区的永定河水系为例进行分析，可以发现，沿河而建的北京古村落注重结合山水进行

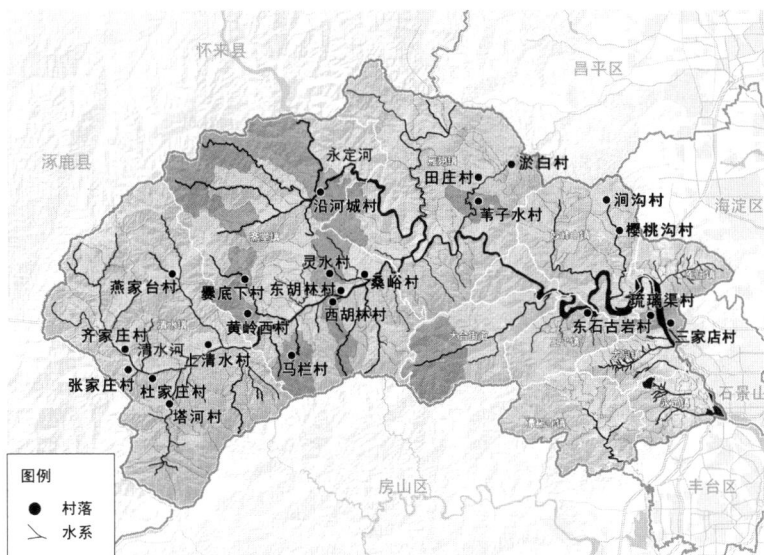

图2-9 门头沟区河流分布及其周边古村落

建设，并多选址于地势较高、相对平坦开阔、土壤肥沃、交通便利的区域（图2-9）。

永定河自西北向东南，斜穿门头沟区，并在河谷两侧形成河谷台地。此处的河水冲积平原为农业耕作提供了优越的自然条件，因此形成了诸多依山面水的古村落，如东胡林村、西胡林村等。

"清水的腿，灵水的嘴，东、西胡林长流水"，民谣中对东、西胡林村生动的描述，反映出丰富的水资源对古村落营建所发挥的重要作用。在这里，由于西胡林村北临清水河，南依西岭、大南岭，位于低山河谷地带，由此形成"长流水"的布局特征。虽然在东西斋堂看不到清水，但进入西胡林村境内，地下的河水就冒了出来，且水量较大，大片土地都得到了灌溉，保证了粮食的丰收。村里的每块地都挖有水井，虽然很浅，但其中70座至今仍然可以提供充足的井水。即便是遇到干旱气候，也不会影响粮食产量，故此处有"清水河畔小粮仓"之称（图2-10）。

东胡林村距西胡林村一公里，海拔352米，地处清水河北岸，此村与西胡林村一样，土地资源十分优越，且整体地势高差变化不大，村落整体布局清晰整饬、层次分明。

综上所述，北京市所处地理位置优越，地质环境多样，自然资源丰富，这一切为郊区古村落的发展提供了良好的地域条件。当然，随着区域开发不断向广度和深度推进，导致地理环境发生了深刻变化，并对村落的发展产生了明显的影响。

图2-10 门头沟斋堂镇西胡林村所处水环境

2.2 人文因素

通过分析北京古村落生成环境中的人文因素，即中国古代的环境观、规划思想、经济发展、宗教信仰，解析古村落的建村思想，感受古村落营建中所承载的文化意蕴，为当代人准确地理解与感受古村落的历史文化遗迹提供理论支撑。

2.2.1 中国古代的环境观

在中国传统的城镇营建过程中，无论是经过规划设计的城市，还是自然生长的村落，其选址、布局，乃至对环境的改造，都与中国古代的环境观息息相关。

1. 风水思想

风水是一种研究环境与宇宙规律的学说。风水术古称堪舆术，也即相地之术，旨在强调借助临场校察地理的方法，对居住或者埋葬环境进行选择和对宇宙变化规律加以应对处理，以达到趋吉避凶的目的，可见其原意是选择合适地方的一门学问。中国的风水思想有很多思想流派，但是无论是用以择址选形的"形法"，偏重确定室内外方位格局的"理法"，还是用于选择吉日良辰以事兴造的"日法"，抑或为补救各法选择不利措施的"符镇法"，其核心思想都是强调人与自然和谐的天人合一原则、阴阳平衡原则以及五行相生相克的原则。风水思想贯穿在中国传统建筑活动的整个过程之中，从选址规划，建筑单体、园林小品、室内外装修设计，到施工营建，几乎无所不在。

古村落在整体规划的选址布局上，讲究择吉而居，通常依据"万物皆成于气"的风水思想，把村落置于阴阳相合、藏风聚气的环境中。[①] 如徽州黟县《尚书方氏族谱》的记载："（先祖）慕山水之胜而卜居焉……前有山峰耸然而峙立，后有幽谷窈然而深藏，左右河水回环，绿林阴翳。"此外，根据湖南《衡阳刘氏续修族谱》对其族人聚居地的"王江八景"的论述："东杏岭突起平地，翠屏百尺；西城同枕两溪，蜿蜒耸峙；右侧泸溪之流合于王江……"由此可见，基于"天人合一"的思想，对于古村落的福地选址最终形成了"环若列屏，林泉青碧""宅幽而势阻，地廓而形藏"等认知。[②]

由于古村落选址的自然地理环境并不总能尽如人意，于是建造者往往采用人工构景作为风水补救的方式，在细节处理上改善环境建置。例如，徽州的西递村和关麓村，其将祠堂设为村落中心，并按宗族支系分别建设；而肇庆的蕉园村，虽然同样以祠堂为中心，却根据当地的风水习俗，改为自然向外的同心圆式格局。再如，安徽休宁的古林村，为改善水口的形势，在风水极佳处设置构筑物以相互制衡。此外，在古村落的设计与建设模式上，更是充分体现出人与自然高度和谐的传统人居生态观。

2. 风水思想在北京古村落中的运用

北京古村落十分重视对风水思想的运用。在选址布局上，与作九宫八卦形布局的金华诸葛八卦村、按天体星象布局的武义俞源村，以及素有"千古第一古村"之称的江西乐安流坑村一样，北京古村落遵循传统风水思想，强调对自然的尊重。如周围山脉蜿蜒起伏，群山环抱，形似元宝的爨底下村，随山势呈扇形铺开，背靠龙山，面朝开阔地，南有金蟾山，其选址和空间结构是中国传统文化中的理想建村之地。

---

① 张晓，祁嘉华. 古村落的文化意蕴探析［J］. 飞天，2011，14：102-103.

② 于希贤，于涌. 中国古代风水的理论与实践［M］. 北京：光明日报出版社，2005：475.

以灵水村为例，因灵水村"前罩髻鬓山，后靠莲花山，山上松柏罩头，山坡果树缠腰，村依山泉而建，水绕村而流，围合封闭，藏风聚气，负阴抱阳，东进而西收"，故其风水极佳，而这种"前有照，后有靠"的设计原则，体现出"天人合一"的自然格局。据研究，其空间结构形如一只头朝南的大乌龟，而庙宇等主要建筑则分别位于龟首、龟尾和4足6个部位。其完美的风水格局，的确使灵水村兴旺发达、名人辈出。

由于生成环境中的地形十分复杂，故北京古村落街巷布局与村落选址常被作为一个系统进行统一考量。在这里，街巷作为贯彻风水思想、疏导、理气的手段，强调利用觅龙、察砂、观水、点穴、取向等传统风水学手法，体现出人与自然和谐相处的生态观念，从而在村落建设中起到了重要作用。

2.2.2 传统规划思想

相较于自然生长的古村落，我国古代的城市营建，通常遵循完整明确的规划思想。但与其他地区古村落不同，北京地区古村落与城市联系密切，且多形成于北京作为都城之后，因此其空间格局，乃至街巷空间的营建手法，都在一定程度上受到我国传统规划思想的影响，特别是位于平原地区的古村落。其空间格局体现出方正规整、等级分明且对称的整体特征。此外，由于北京古村落的生成环境较为复杂，因此对于山地古村落而言，其空间还体现出向心式的规划格局。

1.《周礼·考工记》的匠人营国制度

《周礼·考工记》是我国古代城市规划理论中最早、最权威、最具影响力的一部著作，它提出了我国城市，特别是都城的基本规划思想和城市格局。《周礼·考工记》书中记载："匠人营国，方九里，旁三门，国中九经九纬，经涂九轨，左祖右社，面朝后市，市朝一夫……经涂九轨，环涂七轨，野涂五轨。"

由此可知我国早期的都城规划制度具有以下要点：

（1）王城方9里，四面构筑城垣；城垣每面各开3门，共计12座城门。

（2）王城采用以宫城为中心，分区规划的结构形式。城内分为宫廷区、官署区、市区（"市"）、居住区（"里"或"坊"）等。宫廷区又进一步分为由内朝、寝宫构成的宫区（前朝后寝）和由外朝、宗庙、社稷构成的宫前区（左祖右社）。

（3）宫城置于城之中部，城之四面筑有宫垣，每面各开一门。宫城的南北中轴线即为全城规划的主轴线。

（4）宫城居中，按"面朝后市""左祖右社"之制，环绕宫城，对称罗列。此"朝"为宫前区之"外朝"。

（5）官署区设于外朝之南，各官署分列于城之南北中轴线两侧，作为宫廷区的前导。

（6）城内道路采用经纬涂制，按一道三涂之制，由九经九纬构成南北及东西各三条主干道；环城设有"环涂"，结合而为纵横交错的棋盘式道路网；城外置有"野涂"，并与城内路网相衔接。

（7）朝及市的规模为各居一"夫"之地，即占地一百亩。

由于早期的城市规划思想集中体现在对都城的营建，而没有过多地涉及村落建置，因此我国早期村落的空间格局，受城市规划思想的影响不大。但北京古村落凭借区位优势，其空间格局大多受到我国传统规划思想的影响。即便是与曾受传统规划思想影响的其他地区古村落相比，北京古村落所展现的城市规划思想也更为完善、科学，且更具研究的典型性（图2-11）。

2.《管子》的村落选址准则

相较于对空间格局具体形态的建置要求，古代城市在生产力尚不发达的情况下，更需选择在自然环境优越的区域进行建设。《管

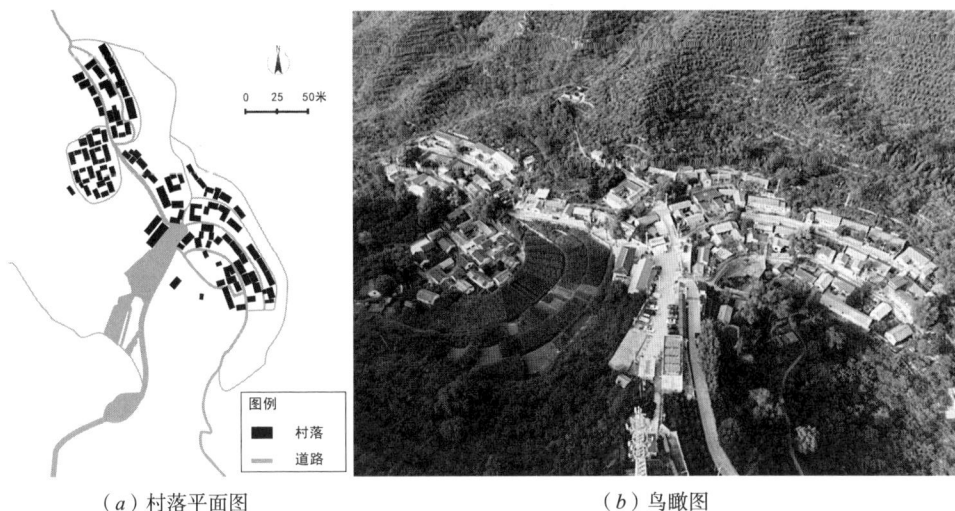

（a）村落平面图　　　　　　　　　　（b）鸟瞰图

图2-11　规整的村落布局——门头沟区雁翅镇黄土贵村

子・乘馬》记载："凡立国都，非于大山之下，必于广川之上；高毋近阜，而水用足；下毋近水，而沟防省；因天材，就地利，故城郭不必中规矩，道路不必中准绳。"管子认为应该因地制宜，注重对自然资源的开发与运用，这种思想在生成环境相对复杂的古村落中体现得十分充分。例如，在一些山地村落中，其空间格局虽然局部体现出方格路网的形态，却十分重视街巷与山体环境的适应，即"街巷随地而变，该弯则弯，该转则转，能上则上，能下则下，不强求一律，不和自然争强弱"。①

以门头沟区山地传统村落建筑及其院落形式为例，受北京传统四合院形式的影响，该区域大部分古村落的空间形态具有典型的传统建制特征，但又因其地处北京西部山区，故整体形态并非完全方正，街巷空间不同于北京城区内的胡同那般规整。

3. 山地村落向心式规划布局

居于山地的人们通常选择高亢、近水、向阳、避寒、避风的地段进行村落营建活动，旨在满足生产、生活及安全的需要。除了这些基本的营建策略外，山地古村落还形成了一种特殊的规划思想，即山地村落中心论。

与地处平原区域的古村落相比，山地古村落的自然环境更为特殊。无论是四面环山，三面环山、一面临水，还是一面靠山、三面环水，古村落与其周边环境的关系，均属于嵌入式的，从而使得村中小环境相对封闭，适于村民聚居。其空间结构一般还具有内聚性和防卫性的形态特征。以门头沟一带的嵌入式古村落为例（图2-12）。这些古村落的空间格局均强调以庙宇、古树、戏台等公共场所为中心，并使各级街道从不同方向汇聚于村落中心，从而使得街巷整体空间十分明晰。

2.2.3 经济发展

北京古村落的形成演变与经济发展密切相关。有的曾是历史上的乡间繁华之地，有的因古代便捷的水陆交通而产生，有的与显赫世族或致仕归隐的官吏有关。总体来说，北京古村落是在自然经济中萌生，在明清商品经济萌芽时期得以快速发展，并借由置产兴业与世族官吏的繁衍生息而得以繁盛。

---

① 季富政. 巴蜀城镇与民居［M］. 成都：西南交通大学出版社，2000.

图例
村落
道路
村落中心

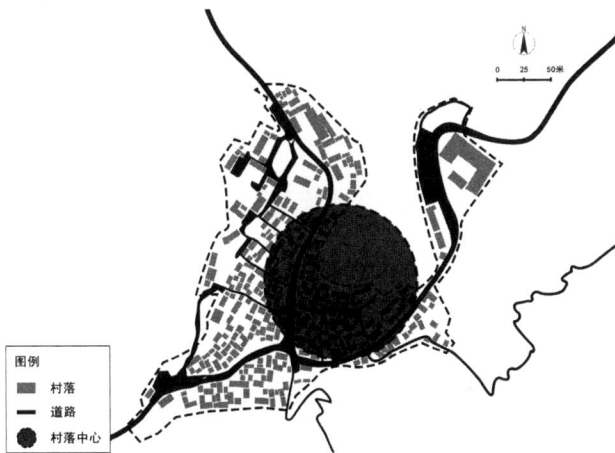

（a）门头沟区斋堂镇黄岭西村

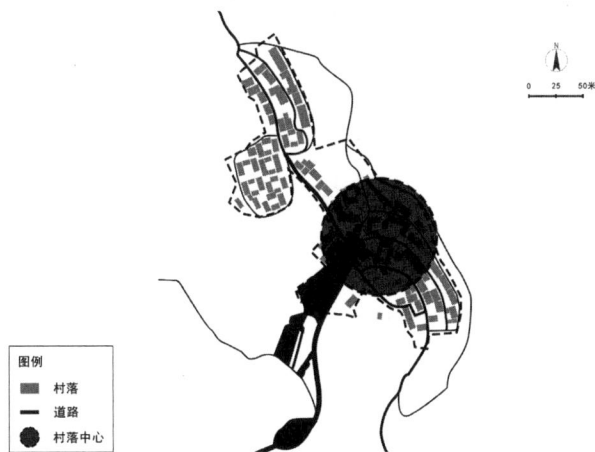

图例
村落
道路
村落中心

（b）门头沟区雁翅镇黄土贵村

图例
村落
道路
村落中心

（c）门头沟区斋堂镇灵水村

图2-12　山地村落向心式规划布局示意图

1. 自然经济时代的北京古村落

北京的先民常在易于耕作的区域选址建村，以便于获取生活所需。而农产品自足后，便拿来交易，互通有无，这就是早期的经济贸易。在农产品流通中，由于交易范围扩大，价格提高，利润也随之增多。为获取更多的利润，先民们开始向外搬迁，随之而来的是耕作半径扩大，并在陆路和水路逐渐串联起一个个基于自然经济建立起来的村庄。随着农业文明发展到一定程度，农副产品流通初具规模，进而促进了初级手工业、加工业的发展，同时也带动了交通、农业技术、经济贸易的快速发展。

2. 商品经济时代的北京古村落

商品经济的发展得益于交通网络的成熟运转。北京地区的交通要道指的是江河湖泊沿岸、平原道路交叉处，或是山路垭口处等。这样的村落既可能因人流、物流的集中而繁荣，也可能随着产业更迭或交通工具的改变而逐渐衰败，并直接影响到村落空间的形态演化。

一方面，由于古代交通大多依靠步行或车马舟楫，交通半径较小，故当时沿水陆交通沿线设置的村落数量不少，但规模有限。随着交通工具的发展，贸易往来的日渐频繁，以及商品种类的愈发丰富，集市逐渐集中、规模变大，村庄也由小变大，聚集起越来越多的人与店铺，并逐渐发展成基于商品经济的古村落。另一方面，由于古代交通往往被大河阻断，而大河上的桥梁建造难度较大、数量不多，致使大河上的桥梁附近，成为早期贸易往来的集市所在地。[①]例如位于潮白河南岸的太子务村和京杭大运河南岸的张庄村等。但随着陆路交通的日渐发达，特别是道路交通网络的不断完善与发展，自明清开始，北京周边地区的贸易往来更为频繁，形成了诸如出产大理石的石窝村，以板栗、核桃而远近闻名南窖村，拥有琉璃制造业的琉璃渠村等具有特色产业的传统村落。这些村落由于商品贸易的发展壮大，其数量与规模随之加大，逐渐超过了依赖水陆交通形成的村落。

以京西古道沿线的古村落为例，经济的繁荣使京西古道沿线的村落商店、骡马店林立，兼营商业和运输业的农户非常多。又如，地处京西门头沟一带的古村落，由于自古就是北京西部的屏障和通衢要道，同时矿藏丰富；因此借由煤炭业的快速发展，不但带动了古村落的经济发展，而且村落空间环境也得到了极大的提升与改善，成为目前北京地区

---

① 程旭兰，孙玉光. 宁波古村落形成因素探讨 [J]. 宁波大学学报（人文科学版），2011（6）：83-87.

图2-13　京西古道上的古村落

保存较好、规模较大、形制较为完备，且最具功能特色的古村落集中分布区之一（图2-13）。

3．宅院作为古村落经济发展的物证

宋代以后，北京地区古村落里的大户人家，经济实力得以增强，开始大力兴建宅院。他们建造的宅院，更为奢华显赫，也更能体现该区域乃至全国先进的营建技术与审美观念，往往具有示范作用。这些遗留下来的建筑，成为展现古村落历史地位的物证。古村落中这样的老宅院越多，就越证明其在长期发展中的兴盛状况。例如，延庆区千家店镇的花盆村就有一处保存完好的私人老宅，并有土地神龛若干，以及著名的关帝庙，均为当时豪吏所修建，体现了当地的风俗特色（图2-14）。又如，形成于元代以前的漆园村，以漆树而得名。漆园村的南山是古代文人墨客所向往的雅思山，且该村拥有以龙鼓为代表的丰富的非物质文化遗产（图2-15）。

可见，随着自然经济向商品经济的过渡，特别是当商品贸易已经发展到一定阶段后，古村落的空间格局、规模，乃至建筑类型都随之发生了改变。

2.2.4　宗族文化与宗教信仰

我国是一个文明古国，不仅历史悠久，对自身文化的传承也非常重视。宗族文化就是中国传统文化的一部分；重视宗族，也是对自身

图2-14 延庆区千家店镇花盆村关帝庙　　图2-15 昌平区流村镇漆园村

文化认同的一种表现。在中国人眼中，祖辈创造的辉煌值得后辈永世铭记，由此引发人们对先辈的尊崇。修建各姓氏宗祠的目的便是表达后辈对祖先的尊敬和铭记。宗族文化同样深刻影响了北京地区的古村落。

北京地区的古村落受宗教文化的影响同样很大。北京城内设有佛教、道教、伊斯兰教、天主教、基督教的活动场所，并拥有广大信众。其中，佛教、道教、伊斯兰教和天主教四大宗教的首脑机构均设在北京。在宗族文化和宗教文化的双重影响下，古村落的生成环境，特别是公共空间，呈现出宗族组织性、宗教功能性以及文化包容性的特征。

1. 作为标志性建筑的祠堂

受到宗族文化的深刻影响，聚族而居的现象在全国的古村落中都非常普遍，祠堂便是宗族的标志，也是村落的标志。因此，古村落的空间结构，大多为民居围绕祠堂等标志性建筑而建。如李家坟村、张家庄村、燕家台村、蔡家洼村、张庄村等北京地区的古村落，多为聚族而居的血缘村落，这些村落沿袭各自宗族制定的规制，确定村落的空间结构。

2. 作为宗教性建筑的寺庙

北京不仅历史悠久，宗教文化也异常灿烂，使得北京周边许多古村落都发源于不同的宗教派别，并形成以寺庙场所为标志性景观的空间环境。

根据尹钧科的观点，"京西许多村庄的形成都与寺庙有关，某地修建寺庙后，寺庙的田地要有人耕种，附近要有招待香客的茶棚，这种地方很快就会聚集成村落。"[①]京西是北京地区佛教最早传入的地方之一，

———————————

① 尹钧科. 北京郊区村落发展史［M］. 北京：北京大学出版社，2001.

且寺庙数量众多，仅门头沟境内，就有寺庙375座，历史上曾在很长一段时间里香火旺盛，规模宏大。从时间上看，这些寺庙自汉唐至明清绵延两千多年，不但有汉代的百花山瑞云寺、灵水村灵泉禅寺、晋代的潭柘寺，以及隋唐的戒台寺、齐家庄灵岩寺、斋堂镇灵岳寺、妙峰山大云寺、金城山白瀑寺，还有建于辽、金、元、明、清的寺庙，不胜枚举。而这些寺庙从种类上也包括了佛教、道教等。在北京古村落中，上至皇家寺院，下至与黎民百姓日常生活息息相关的山神、土地等庙宇，根据各地习俗的不同，设置在村落公共空间的规定位置，体现出淳朴的民风和浓郁的地方特色。如许多村落为了不受洪水的侵害，会在村口或水口建龙王庙；或为了保佑村子的长治久安，会在道路交叉口建娘娘庙、菩萨庙等。

3. 包容、平等与交流

兼收并蓄的宗教文化，使"三教九流、五湖四海、汉满蒙回藏、儒道释景回，各路人马"都在北京繁衍、发展，各种文化都在这里交流、碰撞。这些宗教在北京传播发展，并逐渐融入北京的历史文化当中，形成多元的文化体系和包容、平等、交流的北京宗教文化氛围。如万子营东村和万子营西村便是北京地区著名的少数民族村落——回族村；这些古村落的价值并非在于白墙灰瓦的建筑本身，而是那些蕴含于其中的文化价值。

2.3 地域因素

独特的地域文化对北京古村落的生成环境产生了巨大的影响。首先，北京作为我国的历史文化名城和古都之一，具有独特的都城文化。与其他古都周边的古村落不同，京郊遍布的皇庄[①]，借由这份都城主人的优越感，既渗透着一股与生俱来的高贵之气，又展现出北京特有的"胡同文化"，即一种大气、热情的古朴民风。这两种看似矛盾却又交融的文化，赋予北京古村落特有的地域风情。其次，明清以降北京独一无二的政治地位，使其周边古村落多数都是基于服务北京城市发展的某种功能需求而进行建设的。例如，为增强北京的军事防御能力，塑造的各类村堡、军堡与驿站村落；为加强北京地区的经济贸易往来，开放的

---

① 皇庄指由皇室直接占有并经营的庄田。中国封建社会中历代皇室勋戚都占有大量土地，通称庄田；其中，划归皇室的称皇庄，拨给王、公、勋戚的称勋贵庄田。

各种坞、口、峪、关等村落；或是出于对地处北京周边区域的优越感，积极汲取北京城市文化，衍生出具有京城特色的民俗村落，以及丰富的非物质文化遗产；或是结合北京城市建筑的艺术风格，形成多种以北京四合院为蓝本的民居类型。最后，北京所处的地理位置以及北京城市职能与地位演变过程的特殊性，使得这一地区的移民活动异常活跃，并对古村落生成环境的发展产生了重要影响。综上所述，本节拟从北京都城的建置沿革、城市职能与历史地位演变，以及北京地区的移民活动三个方面，对北京古村落生成环境中的地域因素进行分析解读。

2.3.1　都城建置的地域特色

我国古代都城选址，通常选择资源丰富、交通便利、地形优势明显的区域进行建设。除气候差异外，各都城间最大的不同就是地域文化的差异性。如表2-4所示，北京与其他古都在地域文化上最为显著的差别在于：不同于洛阳、西安与南京，只重视对其都城上层建筑的构筑，或是致力于对其都城文化的突显，北京更强调以全局的眼光，在彰显都城文化的同时，以更为开放的态度包容民俗文化，且更注重引导和推动古村落的经济建设。在此背景下，受到上述地域因素的影响，北京古村落的生成环境呈现出兼具高贵与古朴、保守与激进、独特性与规范性的艺术品质。

1. "都城文化"的辐射作用

受地域文化特色的辐射作用，北京周边古村落的生成环境，一方面受到都城文化的影响，呈现出村落规模大、街巷空间规整、以合院为主的布局特征；例如，作为明代德陵神宫监的德陵村、明代康陵神宫监的康陵村等（图2-16、图2-17）。另一方面，则受到胡同文化的制约，又使其具备了村落规模大，但分布密集；街巷空间规整，仍有较多开放空间点缀其间；以合院为主，却相对开敞、便于交流的空间特质。这些村落，一方面与北京城周边分布的明清皇陵有着十分密切的关系，有不少就是由陵户一代代繁衍、聚居而成；另一方面，还有不少村落与北京城内的达官显贵有着直接或间接的关系，有不少就是这些王公贵族的佃户长工的聚居之所，为其主人的庄田劳作之地。因此，这些古村落在形成过程中必然受到"都城文化"和"胡同文化"的深刻影响。其生成环境，特别是公共空间的尺度、类型、位置与规模，都呈现出与众不同的特征。例如，曾经是庆僖亲王家族墓地的白羊城村，以及位于苏家坨镇、

古都	历史地位	地域特征	周边古村落
洛阳	十三朝古都（夏、商、西周、东周、东汉、曹魏、西晋、北魏、隋、唐、后梁、后唐、后晋），拥有1500多年的建都史，是建都最早、历经朝代最多、历时最长的城市	洛阳位于洛水之北；西靠秦岭，东临嵩岳，北依王屋山，又据黄河之险，南望伏牛山，自古便有"八关都邑，八面环山，五水绕洛城"的说法，因此得"河山拱戴，形胜甲于天下"之名，素有"天下之中、十省通衢"之称	洛阳周边的古村落大多是依庙宇分布，依血缘宗族关系形成的聚落空间，以庙宇闻名的古村落约占古村落总数的70%以上；同时，注重结合山川进行村落空间的营建；其民居形式具有显著的河洛文化特色
西安	十三朝古都（西周、秦、西汉、新朝、东汉、西晋、前赵、前秦、后秦、西魏、北周、隋、唐），拥有1100多年的建都史，是我国古代鼎盛王朝的首都，也是中国古代产生盛世最多的古都	西安位于渭河流域中部关中盆地，北临渭河和黄土高原，南临秦岭，东以零河和灞源山地为界，西以太白山地及青化黄土台塬为界，南至北秦岭主脊，境内海拔高度差异悬殊；秦岭山地与渭河平原界限分明，构成西安的地貌主体	西安作为中国古代鼎盛王朝的首都，周边建有大量的皇帝陵，同时也是宗教文化和民族文化交融、传播的中心，并借由其显著的地域特色，使得西安周边古村落，相较于洛阳古村落，其规模更大、建置等级更高且更注重结合地形进行布局
南京	十朝古都（东吴，东晋，南朝宋、齐、梁、陈，南唐，明，太平天国，民国）；有着7000多年的文明史、近2600年的建城史和近500年的建都史；自古以来就是崇文重教的城市，并有着"天下文枢""东南第一学"的美誉	南京位于长江下游中部富庶地区；城内主要河流有长江和秦淮河，沿线长约200多公里；且紫金山、幕府山气势磅礴，秦淮河、金川河萦绕其间，玄武湖、莫愁湖点缀城中，水网发达；城南为低山、岗地、河谷平原、滨湖平原和沿江河地等构成的地貌综合体	南京自古文化教育繁荣，古村落文化气息浓厚，古村落的建筑具有极高的艺术价值；同时，结合南京独有的石材资源，形成了特色分明的古村落类型；此外，南京古村落选址注重结合自然地形条件，且大多符合古代风水格局，如窦村等
北京	五朝古都（辽、金、元、明、清），有着3000多年的建城史和860多年的建都史；自忽必烈定都北京后，它便取代长安、洛阳、汴梁等古都的地位，成为中国的政治中心，并延续至明、清两代	北京位于华北平原东北边缘；毗邻渤海湾，上靠辽东半岛，下临山东半岛；西山与军都山相交形成的半圆形大山弯，其所围绕的小平原即为北京小平原	北京地区古村落具有北方古村落特质，而且其形成年代较其他三个古都晚近，聚集人口数量较多，空间尺度较大；在艺术风格方面，以蒙、汉文化为主，且民居建筑大量采用砖石材料，砖雕艺术成就显著

图2-16　昌平区十三陵镇德陵村

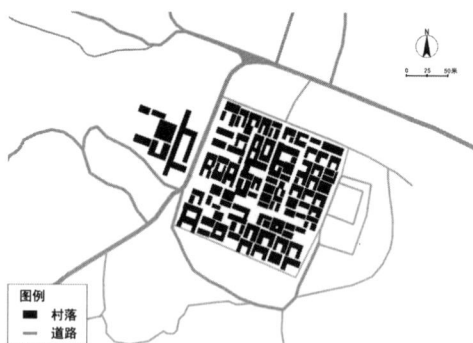

图2-17　昌平区十三陵镇康陵村

图2-18　昌平区流村镇白羊城村

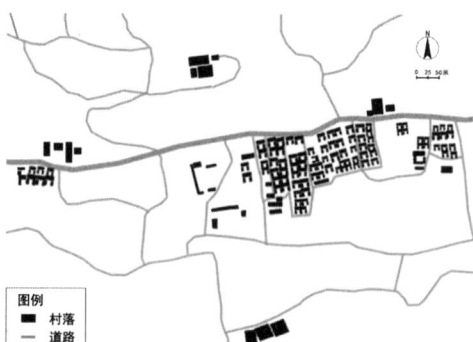

图2-19　海淀区苏家坨镇七王坟村

原为醇亲王奕譞园寝的七王坟村等（图2-18、图2-19）。

2."政治中心"的地缘优势

作为政治中心城市，通常因城市职能以服务于政治为主，使得经济发展受到抑制。在此背景下，北京周边的古村落，一方面借助北京城发展其经济实力，衍生出多种相关行业。例如，水路、陆路交通运输等，使得当地村民不再单纯依靠农耕作为收入来源，丰富了经济产业链条，改善了聚居环境，并使其空间结构实现了从农耕型向商贸型的转变。例如，地处门头沟大台街道的千军台村、位于天津关古道上的爨底下村（图2-20、图2-21）。另一方面，则结合了北京城周边的地域优势，大力开发古村落的自身资源，并借助成熟、发达的交通与贸易网络，快速发展古村落自身的经济实力，进而使其生成环境得到改善与转变。例如，积极开发观赏鱼养殖产业的万子营东村、盛产优质汉白玉的石窝村（图2-22、图2-23）。可见，受到北京城作为全国政治中心的影响，北京古村落的生成环境，特别是经济环境，整体上较为优越。

图例
■ 村落
— 道路

图2-20　门头沟区大台街道千军台村

图例
■ 村落
— 道路

图2-21　门头沟区斋堂镇爨底下村

图例
■ 村落
— 道路

图2-22　朝阳区黑庄户乡万子营东村

图例
■ 村落
— 道路

图2-23　房山区大石窝镇石窝村

2.3.2　北京城市职能和历史地位的演变

　　自元以后，北京始成为中国统一的全国性首都，同时兼具军事、文化中心的城市职能。为了拱卫京师安全，促进区域的经济、文化建设，周边古村落借由北京城的历史地位与地域特色，形成了军事型、商贸型或民俗型聚落，并使其生成环境发生相应变化。首先，北京周边具有军事职能的古村落数量较多，作为拱卫京师的军事堡垒，村落规模一般不大，但军事等级却极高。其次，尽管遵循"因险制塞"的选址策略，但对外交通系统却异常发达，体现出北京地区军事聚落的特质。再次，受北京商贸活动的辐射影响，周边村落无论是发展服务于京城贸易的衍生行业，还是开发自身优势资源，都是以北京为发展平台，进行商品的贩卖交易；故与同时期的江南、沿海一带经济发展较快的古村落相比，其支撑产业较为单一。最后，北京地区的古村落，在积淀多种非物质文化遗产的同时，构筑特色民俗村。民居建筑强调以北京四合院的建筑形制与营造理念为蓝本，形成以围墙代替合院的半开敞式院落类型，且应用广泛。

1. 基于拱卫京师安全形成的古村落

长城作为中国古代的军事防线，其系统内部的军事城堡多设置在长城沿线的周边，并逐渐形成具有军事职能的聚落空间。其中，由明代九边重镇内各级城堡与长城防线的总体布局关系可知，作为拱卫京师安全的蓟县长城，虽然不是九边重镇中最长的军事防线，但沿线设置的城堡及关堡约有270个，重要的关口约有126个，堪称长城之最。由军事性城堡演化而来的北京古村落，虽规模不大，但数量众多，且军事等级较高。与一般军事性聚落类似，北京古村落同样会选择能够利用山水作为自然屏障的用地，故空间结构多呈带状；村落内部也由街巷划分，且除去住宅以及寺庙、学校、戏台等公共建筑外，还在村内重要位置，设置衙署、官邸、营房、库房、草场以及驿传系统等军事设施，其军事职能特征显著。

2. 基于京城经济发展形成的古村落

古代北京农牧混合，商贸并举，手工业发达，经济特征显著。特别是明清两代，宫廷和官宦的需求在很大程度上制约着北京地区的经济发展，从而形成"商业比手工业发达，官商比私商发达，满足宫廷、官宦需求的特殊手工业比一般手工业发达，官营手工业比私营手工业发达的帝都经济独有的特点。"[1]在此背景下，随着煤炭、琉璃、大理石等官商产业，以及满足宫廷、官宦需求的特殊手工业的快速发展，一些官商开始在京郊附近建立工厂，并随着规模的扩大，逐渐形成具有贸易功能的聚落空间。这类古村落由于支撑产业单一，且由官商统一管理营建，所以内部空间也以工厂、市场、房舍等建筑类型为主，而没有形成综合性的贸易场所。但是，受官商阶级审美取向的影响，这些古村落一般格局规整、尺度较大，且多为对称式布置，讲究风水位置。以盛产煤炭的莲花庵村为例，该村整齐划一的空间格局，红墙、红柱，上覆黄琉璃瓦顶的建筑样式，体现出北京地区古村落所具有的官商特质（图2-24）。

3. 汲取京城艺术特色形成的古村落

通过汲取京城艺术特色，北京周边形成了许多民俗古村落。例如，

---

① 张英. 古代北京的经济特色［J］. 经济论坛，2001（3）：113-123.

| （a）整齐划一的空间结构 | （b）正统的建筑形制 |

图2-24 房山区史家营乡莲花庵村

以花钹大鼓而闻名的小汤山后牛坊村，以龙鼓而闻名的漆园村，以五音大鼓而闻名蔡家洼村，被授予"北京最美乡村"、以高跷秧歌闻名的高碑店村，举办僧传笙管乐音乐会的白庙村，举办高跷登云会的张谢村，作为传统石作文化村的石窝村，还有流行山梆子戏的金鸡台村、杨林水村、莲花庵村、柳林水村等（表2-5）。此外，结合以四合院为代表的北京建筑形制，这类古村落又形成了以围墙代替合院的半开敞式院落空间模式。

2.3.3 北京地区的移民活动

北京所处的地理位置及其特殊的城市职能与历史地位，使得北京地区在历史上所发生的人口迁移以及民族、文化的融合，极具复杂性与典型性，并在一定程度上影响了北京地区古村落的形成与发展。

通过分析北京所处的地理位置可知，北京地处华北平原与太行山脉、燕山山脉的交接部，而燕山山脉、太行山山脉又是连接华北平原和内蒙古高原、黄土高原的纽带，故使北京成为中原汉民族及其传统的农耕文化，与北方各少数民族及其传统的草原游牧文化的结合部。历史上北京地区的人口迁移以及民族、文化间的融合、交流现象十分普遍。据资料显示，在北京的人口迁移历史中，既有从四方迁于北京地区的聚合式迁徙，也有从北京地区迁向四方的离散式迁徙。特别是在北京成为中国统一的全国性首都后，这种人口迁移与文化融合现象变得尤为剧烈和复杂。

首先，随着辽、金、元、明、清五朝相继建都北京，北京地区先后有契丹人、女真人、蒙古族人和满族人迁入，使得北京地区的民族构成

海淀区上庄镇李家坟村曹氏风筝	门头沟区大台街道的千军台与庄户两村古幡会	门头沟区龙泉镇琉璃渠村琉璃烧造技艺
门头沟区民间舞蹈太平鼓	门头沟区雁翅镇苇子水秧歌戏	门头沟区斋堂镇灵水村"秋粥节"
密云区巨各庄镇蔡家洼村五音大鼓	密云区西邵渠村金钟总督老会	丰台区王佐镇怪村太平鼓
昌平区小汤山镇后牛坊村花钹大鼓	昌平区流村镇长峪城村山梆子戏	昌平区流村镇漆园村龙鼓
昌平区十三陵镇涧头村太平子弟高跷会	朝阳区高碑店村高跷秧歌	大兴区礼贤镇西里河村诗赋弦

不断发生变化。在改朝换代的背景下，不但对北京的历史文化产生了影响，也使北京古村落的生成环境留下多个民族栖居生活的历史印迹，并在某种程度上促发了北京古村落的经济活力与风俗习惯的多样性。

其次，在契丹、女真、蒙古、满族这些北方游牧民族的首领为了争当华夏大地之主而大动干戈的过程中，也迫使大批汉民迁往塞外，使塞内的古村落人口流失严重，从而导致在明朝初年，北京地区显现出地广人稀的凄凉景象。为了恢复和发展农业生产，充实北京地区的人口，以增强抗御蒙古势力卷土重来的军事和经济实力，明朝自建立以来，便有计划地组织大规模的人口迁移行动，每次移民数量多达万户甚至数万户，安置在北京周边屯垦。使北京地区的人口迅速增长，涌现出大量新的村落，从而使得北京古村落的形成与发展再次出现鼎盛期。而这一时期所形成的古村落以汉民聚居为主。

最后，清初，八旗官兵入关后，在京畿地区兴起了"圈地"风潮，并建立起许多旗庄。据史料记载，1644年满清打败李自成入关后不久，遂正式颁行圈地令，将原本属于汉族农民的土地分给八旗贵族，导致大批农民失去土地。为了维持生计，农民被迫为清朝的八旗贵族当包衣，耕种土地。这种由政府统一管理的经营模式，使得北京地区古村落开始向官庄转型，进而使其生成环境在空间格局、内部空间设置、建筑构成等方面均发生了相应的变化。

03

北京古村落的
选址与分布特征

通过对北京古村落生成环境的分析可知，北京古村落的选址与布局是基于地理、人文等综合因素建构的复杂系统。从社会学视角探讨北京古村落空间分布的复杂系统性，则更加侧重于以整体论的观点进行解析。首先，将影响北京古村落空间分布的社会因素层层剖析，从而在物质层面揭示出其地理空间分布"从无序到有序"的演化过程。其次，基于非物质层面的信息重组，将这些看似零散、孤立的村落空间按照所承载的人类行为与功能性质重新组织起来，并形成对系统的整体描述，得出一种"整体大于部分之和"的优化结构关系。

3.1　北京古村落的分布规律

北京地区古村落分布的总体特征受自然气候因素的影响，南部地区比北部地区的古村落数量多。受自然资源的制约，西郊门头沟一带的古村落较其他区域的古村落，在空间分布上更为集中；而在同一区域内，受地形条件影响，平原谷地的古村落比山麓地带的古村落数量多（图3-1）。基于地理与人文因素的共同影响，北京古村落不仅在地域分

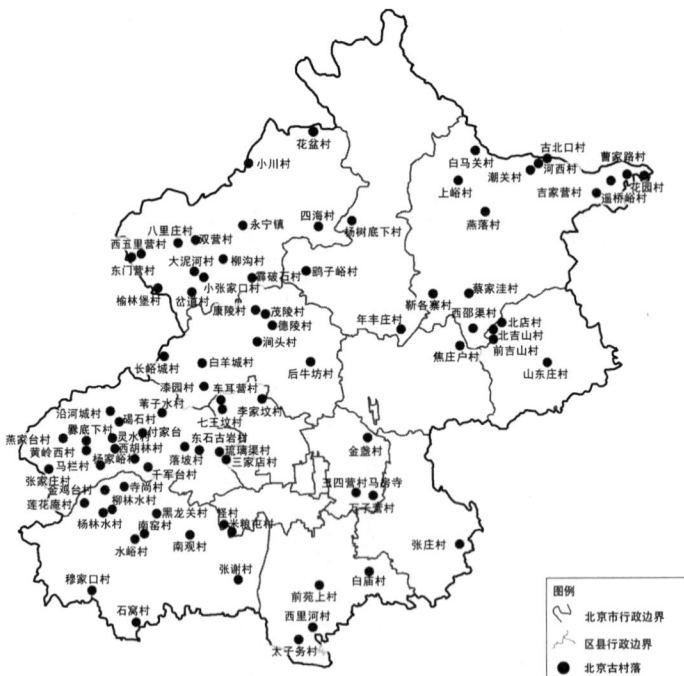

图3-1　北京古村落分布图

布上整体呈现出"从无序到有序"的演变特征，而且在地域分布的文化机制层面也展现出"整体大于部分之和"的优化特征。

3.1.1　地域分布：从无序到有序

根据社会学整体论的观点，某一系统构成所呈现的"从无序到有序"的结构状态是指，为满足特定条件，该系统中的两种或多种组成部分随机地分布于某一种（或几种）结构位置上，相互间的排布没有规律性，即呈无序态。但是，当达到成熟阶段后，这些不同的组成部分可以有选择地分别占据这些结构中的不同位置，在其相互间作有规则的排列，即呈有序态。基于这种观点，解读北京古村落在地域分布上所呈现的一般规律，强调在当时生产力水平十分低下的阶段，由于人们并不具备与自然环境抗争的能力，故北京古村落的形成通常取决于人们被动地适应生态环境的自发行为，且因村落数量少、规模小，各村落在地域分布上呈现无序性。随着生产力水平的提高，人们逐渐具备了改造自然的能力，结合中国古代农业经济"以农为本"的思想，农耕的自然条件以及农业技术和装备等逐渐成为影响古村落分布的主要因素，即一种主动适应生态环境的自觉行为，且因村落数量与规模日渐加大，使古村落的地域分布呈现有序性。此外，基于特定的历史背景，受人口迁移的影响，北京古村落布局亦发生着相应的变化，并最终影响了古村落的分布规律。

1．选择宜居环境的聚居行为

纵观北京古村落形成和发展的各个阶段，可知自然环境因素影响甚大。在生产力水平低下的阶段，人们改造自然的能力有限，只能从自然界直接获取食物，无论是采集果实，还是狩猎，其生产活动只能与自然环境有关。即使出现了农牧业经济，也仍然是以自然环境的变化为转移。例如，气候剧变会导致植物区系变化较大，因此人们更倾向于选择气候变化较小的区域聚居；而自然资源丰富的区域，不但古村落的数量较多，规模也相对较大。此外，地形条件较好的区域，也更易于开展聚居活动。受古代农牧业经济的影响，北京古村落早期发生的聚居行为更趋向于一种被动选择的自发行为，从而使其在地域分布上并没有呈现出更多的规律性。但是，随着社会生产力的发展，人们改造自然的能力得以提高，这使得自然环境对古村落在地域分布上的影响逐渐减弱，进而为其发展为有序分布创造了初始条件。

2．基于资源改造的聚居行为

随着农业生产力水平的提高，人们改造自然的能力逐渐加强，北京古村落的分布范围也随之不断扩大，并最终影响到地域分布的形态结构。20世纪30年代"中心地理论"的观点认为，随着人们改造自然能力的提升，在一个区域内会出现一个地理环境、人口分布、收入水平、消费方式、交通系统都处于均衡状况的中心点，并使聚落的等级、规模、功能关系与空间结构都呈现出规律性。结合中国自给自足式的农耕经济特征，可知古村落中心点的形成及其区域结构的规律性拓展与土地资源分布息息相关。而另据《礼记·王制第五》的记载："凡居民，量地以制邑，度地以居民。地、邑、民居，必参相得也。"[1]由此可知，只有人口规模与土地资源相匹配，古村落才能达到最佳的发展状态，从而呈现出古村落分布与土地资源协调一致的规律特征，即一种具有资源性分布的总体规律（表3-1）。在这里，受土地资源与人口规模的影响，北京古村落在演化过程中发生的聚居行为，更趋向于一种兼具主动选择与被动选择的行为，从而使聚落空间与当地的生产生活方式成为一个不可分割的整体。

土地资源与聚落空间整合性分析表　　　　　　　　　　　　　表3-1

类型	记载	特征描述	聚落空间布局
井田制下的土地资源分配——将土地分配和居住空间进行整体考量的一种理想状态	《孟子》滕文公上："请野九一而助，国中什一使自赋；卿以下必有圭田，圭田五十亩；余夫二十五亩……方里而井，井九百亩，其中为公田……八家皆私百亩；同养公田；公事毕，然后敢治私事，所以别野人也"[2]	以一里见方为单位，并按井字形划作九区，每区一百亩；中间一区为公田，周围八区为私田	其居住用地与生产用地之间应有统一的区域规划，设有中心点，并以此实现对聚落空间的管理规划
	《春秋谷梁传》宣公十五年："古者，三百步为里，名曰井田；井田者，九百亩，公田居一；私田稼不善，则非吏；公田稼不善，则非民；初税亩者，非公之去公田而履亩十取一也，以公之与民为已悉矣"[3]	强调公田是农业生产者的居住地	明确聚落空间内的功能分区

---

① 胡平生，张萌译注. 礼记：中华经典名著全本全注全译丛书［M］. 北京：中华书局，2017：265.

② 孟子著. 王刚译注. 孟子译注［M］. 北京：北京联合出版公司，2015：122.

③ 李维琦，邹文芳注译. 春秋谷梁传：古典名著全本注译文库［M］. 长沙：岳麓书社，2021：222.

类型		记载	特征描述	聚落空间布局
井田制下的土地资源分配——将土地分配和居住空间进行整体考量的一种理想状态		《后汉书》卷七十六·循吏列传 第六十六："人年三十，受田百亩，以食五口；五口为一户，父母妻子也；公田十亩，庐舍五亩，成田一顷十五亩；八家而九顷二十亩，共为一井；庐舍在内，贵人也；公田次之，重公也；私田在外，贱私也……因井为市，交易而退，故称市井也"①	将居住用地扩大为五亩，在田地总量上突破了一井九百亩的限制	各聚落空间得以拓展，导致相互间的辐射作用得以加强，从而为形成有序性的空间布局与组织结构创造了条件
均田制下的土地分配	计口授田的土地制度	《魏书》卷五十三·列传第四十一·李孝伯传："时（北魏）民困饥流散，豪右多有占夺；安世乃上疏曰：'臣闻量地画野，经国大式；邑地相参，致治之本；井税之兴，其来日久；田莱之数，制之以限；盖欲使土不旷功，民罔游力；雄擅之家，不独膏腴之美；单陋之夫，亦有顷亩之分；所以恤彼贫微，抑兹贪欲，同富约之不均，一齐民于编户；'高祖深纳之，后均田之制起于此矣"②	根据家庭人口数进行分配，即凭借国家权力，保证劳动者与生产资料——土地的充分结合，实现农村聚落规模与人口规模、土地资源基本上能够相互匹配	将人口因素纳入聚落空间布局与规模的具体要求中
	分散均质型聚落区域分布	《隋唐五代史》："隋文帝遣使均田，狭乡每丁才至二十亩，此在近世农家，得之亦足自活，而当时意以为少"③	要几平方公里到十几平方公里才能有一个村庄；此外，在以个体小家庭为基本生产单位的前提下，农村聚落区域的分布具有分散型特征	为方便田间管理，农户在耕地周围就近居住，在地形复杂、资源贫瘠的地区，零散分布着几家、十几家小村庄
		《旧唐书·袁高传》："有田不满五十亩者，尤为贫人"④		
	自由买卖的土地制度	《宋会要辑稿》食货："人户交易田土，投买契书，及争讼界至，无日无之"⑤	土地买卖自由，土地财富大量积聚；农民则失去了田地，而靠租种土地为生，成为租种地主土地的佃农	聚落空间根据土地买卖的变化，而发生了相应的调整，导致其相互间关联性的增强

---

① 范晔. 后汉书：中华经典普及文库 [M]. 北京：中华书局，2007：725.

② 魏收. 魏书 [M]. 北京：中华书局，1974：1176.

③ 隋唐五代史：吕思勉文集 [M]. 上海：上海古籍出版社，2020：712.

④ 刘昫，等. 旧唐书 [M]. 北京：中华书局，1975：4088.

⑤ 徐松. 宋会要辑稿 [M]. 北京：中华书局，1957：4810.

类型		记载	特征描述	聚落空间布局
均田制下的土地分配	聚落区域分布	《清经世文编》卷三九："工本大者不能过二十亩，为上户；能十二三亩为中户；但能四五亩者为下户"①	土地所有者、经营者需要增加土地生产要素的投入；此外，出现了人均耕地面积下降的趋势	农村聚落的分布日趋集中，并呈现出异质性而非血缘性的特征

3. 基于自发行为的聚居行为

与其他地区古村落空间布局的一般规律不同，北京古村落在地域分布上受人口迁移的影响巨大，这种影响带来的变化是一种完全基于人的主动选择的自觉行为。例如，受到金朝女真族迁入的影响，使得原本聚集于山麓、谷地等区域的北京古村落开始在中部地区迅速增多；而受蒙古族人迁入的影响，又使中部古村落的数量锐减，并大多朝向郊区发展，形成五方杂处的局面；但受明初移民的影响，在北平全境区域内，出现大量新的聚落空间，同时赋予其不同的职能，导致相互间的功能互补性以及组织关联性得到空前发展。随着清初人口规模的持续激增，北京周边古村落的发展进入了高峰期，相互间的空间关联性得以进一步提升（图3-2）。

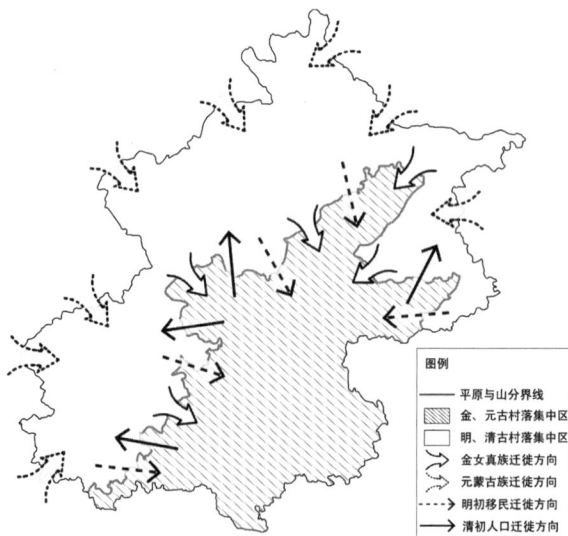

图3-2 人口迁移下的北京古村落分布演变示意图

---

① 贺长龄，魏源. 清经世文编：中册 卷三五至卷七七［M］. 北京：中华书局，1992.

3.1.2 生态文化：整体大于部分之和

依据整体论的观点，当各部分以合理、有序的结构关系构成整体时，整体就具有了全新的功能，即"整体大于部分之和"。在这里，构成结构优化的前提是在结构中根据自身需求选择所要占据的位置，从而使系统内构成有序的结构关联。基于这种观点，解读北京古村落在地域分布上所呈现出来的一般规律，则强调人们在具备与自然环境抗争能力的同时，应根据村落的功能需求，主动选择村落生存的区域环境，并借由与毗邻相关村落建立关联，从而以相互间的功能互补塑造"整体大于部分之和"的区域性组织结构。对北京古村落而言，这种功能优化所形成的聚落空间集中布置，一方面体现在基于特征、功能的相似性或相同性，营造某种互济性的聚合关系；另一方面体现在基于功能的差异性或对比性，营造某种互补性的聚合关系。

1. 功能互济的聚合关系

功能互济的聚合关系，是指由于具有相同或相似的使用诉求，使某一区域内的古村落发生相应的聚集行为，并在地理空间上具有同质集中的布局规律。北京地区古村落基于这种聚合关系而形成的空间布局，往往展现出功能整体性的特征。例如，为了开发某一地区的优势资源，在区域内形成大批具有相同生成环境（自然与人文）的聚落单元。而借助功能与空间上的关联性，这些聚落单元的经济发展模式实现了由"分散贸易行为"向"联合贸易行为"的转变，从而形成了区域产业化的经济链条，增强了市场竞争力。又或是为了满足安全需求，许多村落集中布置。基于互通有无、相互关照的组织关系，这些村落形成统一战线联盟。长城防线上的军堡也是基于功能互济原则来塑造功能空间聚合关系的。再如，作为中国传统居住理论的准则，基于风水思想进行的村落建置，特别是皇陵、寺庙等皇室建设项目，多集中布置于风水宝地。

2. 功能互补的聚合关系

功能互补的聚合关系，与功能互济的聚合关系的不同之处在于，前者在地理空间上具有异质集中的布局规律。北京地区古村落基于这种聚合关系而形成的空间布局，往往展现出功能一体化的整体趋势。例如，在开发某一地区优势资源（农业、工业、手工业等资源）的同时，在以资源型村落为中心的前提下，逐渐形成包括加工、生产、贸易、销售为主体的相关聚落单元。而为了保证经济贸易的顺利开展，又在这些聚落周边形成包括军事防卫、交通驿站等为主体的相关产业支撑平台，最终形成系统化的空间组织链条。又或是在建构统一战线联盟的基础上，根据生成环境的不同优势，赋予各村落以不同的职能，从而形成以作战、支援、指挥、通信为主的不同聚落单元。而这些聚落单元基于功能的互补性，实现了空间布局结构的聚合性。

3.2　自然因素

在不具备改造自然能力的阶段，人们聚居的场所必然是自然资源丰富的区域，若区域内有易于居住的空间则更为上选，从而使古村落早期选址呈现出顺应自然、因地制宜的朴素生态观。随着生产力水平的持续发展，人们改造自然的能力不断加强，村落选址开始转向更易于生存，且与资源区有便捷交通的区域，从而使古村落的演化过程由资源区向平原或资源外围区双向推进。随着生产技术和交通运输手段的进一步发展，以及人口密度的持续增大，古村落的选址布局重返深山区，以便开发新资源。因此，对北京古村落空间分布的研究是基于对北京自然地理状况的分析，以探究其空间分布的基本规律。

3.2.1　山麓与河谷地带——村落早期选址之地

根据考古学的观点，我国的原始农业和原始村落形成于新石器时代早期。而农业生产与村落发展到一定水平并初具规模，则应追溯到新石器时代中后期。

基于房山区镇江营遗址、昌平区雪山遗址、平谷区的上宅遗址和北埝头遗址的考古发现可知，北京地区由于山麓地带与河谷阶地地势较高、多有泉水，且自然资源丰富，更易于农耕，较适于人类定居，遂成为北京地区最早出现村落的地方（图3-3）。根据梁思永先生的总结可知，这一阶段形成的古村落，多选择在地面稍有倾斜的河谷或山麓之上。此外，各村落间虽然相距数百里，但其选址策略相同，空间格局与聚落形态也基本类似，往往位于一个高出四周的平地之上，使人类免于遭受野兽或雨洪侵害。同时，注重临河而建，满足生活条件的基本需求。[①]此外，由于这一时期的古村落通常建在山麓平地或河谷之上，故更易于被人们发现。

---

① 梁思永. 梁思永考古论文集［M］. 北京：科学出版社，1959：146-147.

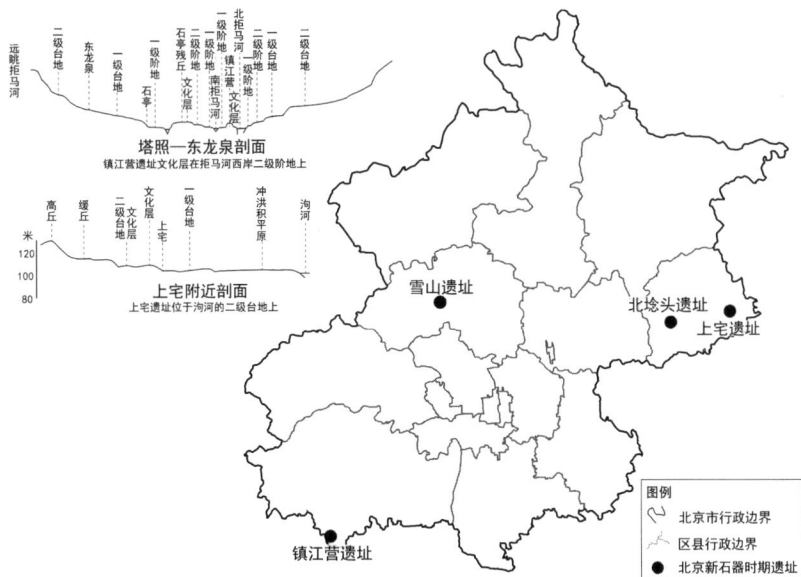

图3-3 北京新石器时期遗址分布图

3.2.2 平原与浅山地带——村落双向推进之地

随着原始生产力的发展，人们适应自然、改造自然的能力逐渐增强，遂开始不断扩大活动的地域范围。在此背景下，农业开发也逐渐由山麓地带与河谷阶地等资源区，向平原或浅山区等宜居区、资源外围区推进，从而涌现出大量的聚落空间。通过对北京地区自然地理环境的分析可知，北京西部、北部和东北部是山地，中部、南部和东南部是平原。从古北口至大兴区黄村之间，便可划出一条自东北向西南的直线边界，并大体上将北京小平原划分为东、西两部分。其中，由于西部的山前平原较多，因此自西汉起，该地区的村落数量就比北京小平原东部多。而小平原东北部平谷区盆地较多，故区域内的村落多聚集于此（图3-4）。此外，虽然通州区南部、大兴区、房山区东部平原东西相邻，但因自然地理条件不同，三个地区的村落发展状况有所不同。例如，根据《水经注》的记载可知，房山区东部平原上，在宋、辽时期就是"村墅连延"。[①]而大兴区与通州区南部相关的记载却甚少。据《辽史·地理志》的记载可知，辽代尚有一湖，名曰延芳淀，是辽主狩猎的

---

① 陈桥驿译注. 王东补注. 水经注［M］. 北京：中华书局，2016：87-89.

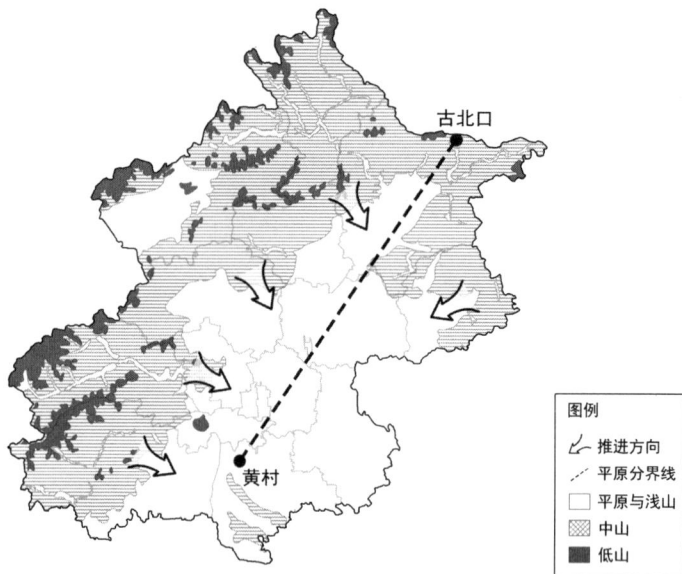

图3-4 北京古村落向平原与浅山地带演进示意图

去处。后因湖水泛滥，使得该区域内的大量村落被淹没于水下，导致目前该区域的村落多数是辽以后形成的。[①]另据考古发现得知，包括平谷区西北部、密云区中部、怀柔区西南部、昌平区东北部、房山区东北部的浅山区村落，以及门头沟区斋堂川某些地处深山、河谷地带的古村落，形成时间都相对较早。

在此，通过对三个区域内古村落状况的对比，可知基于生成环境的自然地理特征，北京地区古村落的发展，呈现出从山麓或河谷地带（资源区）向平原与浅山地带（居住与资源外围区）推进的总体趋势。

3.2.3　西北深山区——村落发展扩展之地

伴随人口密度的不断加大和生产技术与交通工具的快速发展，对现有自然资源的开发已很难满足现状需求。为了开发新资源，人们开始尝试迁至深山区开展聚居活动。但因交通不便，生存环境差，故直至明清时期，才开始对包括怀柔区北部、延庆区东北部、房山区西部以及门头沟区北部在内的深山区展开营建活动。据统计，在房山区西部的现有村落中，有近九成的村落形成于清代；而怀柔区北部山区的清代村落约

---

① 脱脱. 辽史［M］. 北京：中华书局，2016：496.

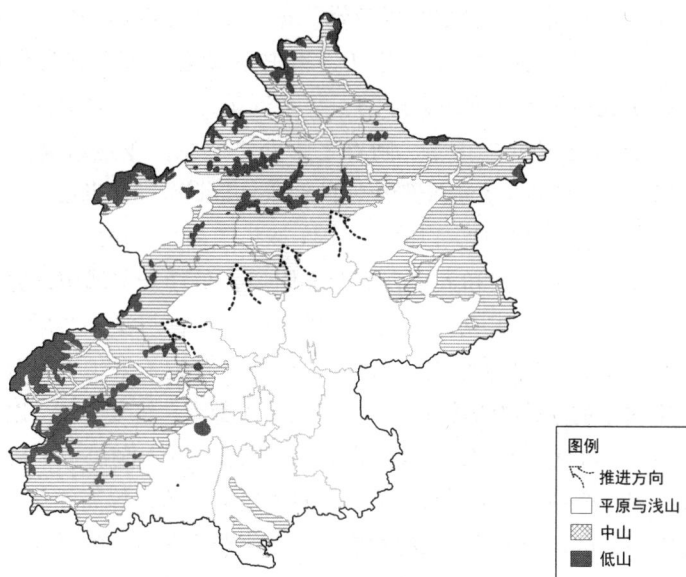

图3-5 北京古村落向西北深山区演进示意图

图例
推进方向
平原与浅山
中山
低山

占整个区域古村落总数的88%。延庆区的清代村落亦占当地村落总数的70%以上。村落向深山区发展的一个重要的历史原因，可能是明清以来北京乃军事要地，战事频繁。为避战乱，平原虽土壤肥沃、易于耕作，但人们宁可舍之，转而选择开拓深山区，以求安居。由此可见，北京北部、西部深山区的古村落，形成时间普遍较晚，且规模也因所处地理环境的不同，以及经济发展水平的差异，而具有不同的特征（图3-5）。

3.3 人口迁移因素

北京历史上城市职能与历史地位的演化过程，导致北京地区的民族、人口和文化构成十分复杂。其中，历经数次人口迁移，也使得北京古村落的空间格局发生了根本性的变化。这种迁移现象有由统治阶级所主导的自上而下的行为，也有民众的自发行为。

3.3.1 女真人的迁入与金中都古村落

贞元元年（1153年），作为中都的燕京成为金王朝的首都。由于金人攻取燕京时，对燕京地区"尽掠而去"，因此自定都后，金朝统治者便在燕京地区有计划地开展移民活动。据《金史·兵志》记载："贞元迁都，遂徙上京路太祖、辽王宗干、秦王宗翰之猛安，并为合扎猛安，及右谏议乌里补猛安，太师勖、宗正宗敏之族，处之中都……故杲国公勃迭八猛安处之山东，阿鲁之族处之北京，按达族属处之河间。正隆二年（1157年）命兵部尚书萧恭等，与旧军皆分隶诸总管府、节度使，授田牛使之耕食，以藩卫京国（按指中都）。"由此可知，金朝统治者首先将各种衙门和大批官吏及其附属人员迁入中都城，随后又分批将大批宗室猛安谋克迁入该区域的不同地点，与汉人共居，并利用农民垦殖荒地。[1]据《金史·张浩传》记载：海陵王采纳了张浩关于营建燕京宫室的建议"浩请凡四方之民欲居中都者，给复十年，以实京城，从之。"[2]可见，为了安抚内迁的女真、契丹、奚、渤海等少数民族民众及汉民，金朝统治者采取了许多生息养民的措施，提高并促进了民众迁往中都地区以及中原内地的意愿，从而使燕京区域内的村落空间成为迁入民族与汉人混杂而居的共处场所（图3-6）。[3]

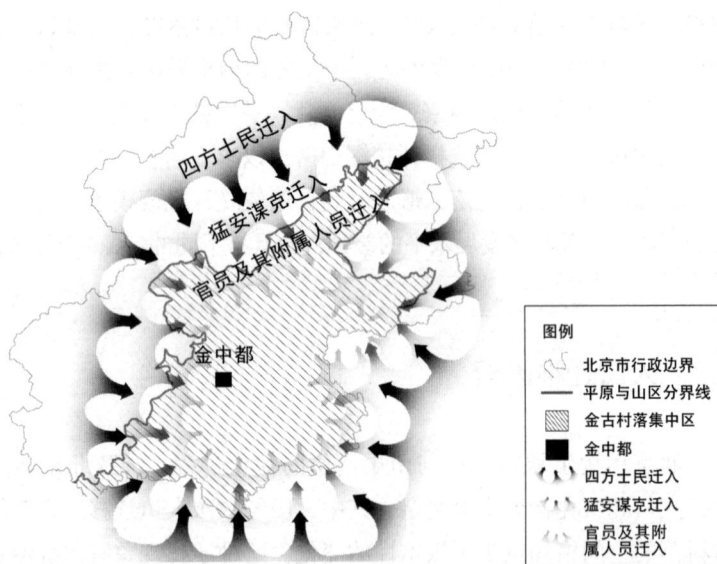

图3-6 女真族迁入示意图

图例

⌒ 北京市行政边界
—— 平原与山区分界线
▨ 金古村落集中区
■ 金中都
⌒ 四方士民迁入
⌒ 猛安谋克迁入
⌒ 官员及其附属人员迁入

四方士民迁入
猛安谋克迁入
官员及其附属人员迁入
金中都

① 脱脱. 金史 [M]. 北京：中华书局，2020：993.
② 脱脱. 金史 [M]. 北京：中华书局，2020：1981.
③ 尹钧科. 北京郊区村落发展史 [M]. 北京：北京大学出版社，2001：124.

3.3.2　蒙古人的迁入与元大都古村落

13世纪初，蒙古民族在北方草原上迅速崛起，随着蒙古帝国领土范围的不断扩张，使得包括金中都在内的河北地区出现了"田之荒者动至百余里，草莽弥望，狐兔出没"的凄凉景象。[①]

据记载，世祖至元四年（1267年），蒙古国便在原金中都都城东北郊修建以金大宁宫及其附近湖泊为中心的新城，并在1271年正式改国号为"大元"，次年将新建都城改名为"大都"。而自元大都建成以来，便成为统一大中华的政治、文化中心，也正式开启了北京作为皇都建制的历史。在此背景下，由于连年战争导致北京地区人口数量骤减，因此为了充实大都地区的人口，元朝统治者调度了大批的军队、工匠、民夫劳工，迁入京城，用以修建都城。同时，还有大批随蒙古统治者迁入的居民，并大多集中迁移至京郊地带。由此可见，元大都附近的古村落类型和金中都附近的古村落一样，也都是以蒙古族、色目人[②]等少数民族与汉人杂处，或军民杂处为主的村落形式；同时，又都相继增加了一些少数民族集中居住的村落（图3-7）。[③]

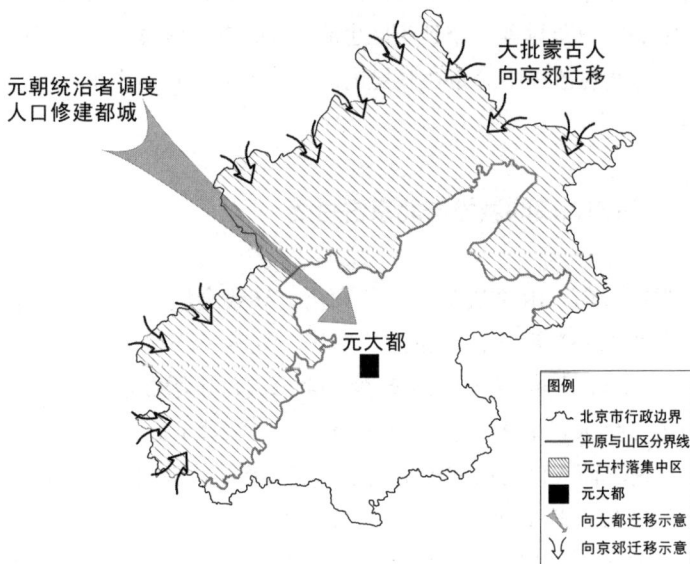

图3-7　蒙古人迁入示意图

---

① （南宋）张师颜《南迁录》。

② 色目人即现在的回族，色目人是元代对来自中西亚和欧洲的各民族的统称，也是元代人民的4种位阶之一。

③ 尹钧科. 北京郊区村落发展史［M］. 北京：北京大学出版社，2001：139-141.

3.3.3　明朝移民的迁入与北京古村落

明朝定都南京后，同年8月攻克元大都，改名北平。此后，又以北平为基地和中心，继续西征、北伐，打击元朝残余势力。在近二十年的用兵布阵中，明朝廷于滦河与辽河上游的广大土地设置了许多军事性城堡，旨在维护北平地区的安全，从而影响了该区域村落布局的整体结构。

据记载，明初为了继续向关外的蒙古残余势力进军，遂将山后移民内迁至北平地区，形成了大批新的村落。另外，根据《宸垣识略》的记载："采育，古安次县采魏里也，去都七十里。明初为上林，改名蕃育署，统于上林苑，不隶京府，乃元时沙漠地。永乐二年（1404年），移山东、西民填之，有恒产，无恒赋，但以三畜为赋。计营五十八。"[1]由此可知，还有大批从山西、山东迁入的移民，并在今大兴区东部凤河两岸、采育镇的东南与西北，形成了一系列以山西、山东两省某些州县命名的古村落。例如，大兴区青云店镇的孝义营村、霍州营村；大兴区长子营镇的赵县营村、留民营村、潞城营村、沁水营村、上黎城村、南蒲州营村、北蒲州营村、河津营村；大兴区采育镇的屯留营村；大兴区青云店镇的解州营村等。今延庆区也有36%的古村落属于明代移民形成的聚落，这些村落集中分布在其境内的平原地区，且多为军屯或民屯村落类型。[2]

3.3.4　清初人口的激增与北京古村落

明末清初，由于战乱、灾荒频仍，导致全国人口凋敝。据《清史稿·食货志一》记载，在康熙、雍正、乾隆三朝盛世的百年间，借由"新增人丁永不加赋"的优惠政策，全国人口激增数倍，并在嘉庆年间突破了三亿人口的大关。[3][4]在此背景下，清代北京地区人口的增长也十分迅速。而人口的增减正是决定村落兴衰的关键因素，随着北京人口数量的增加，北京地区古村落的数量也呈现上升趋势。此外，除了秉持优抚政策外，据《北京城市史 历史人口地理》记载，还有大量满族旗人迁至京畿地区，从而相继出现了一些移民村落，使得清代北京

① 吴长元. 宸垣识略［M］. 北京：北京古籍出版社，1981：257.

② 尹钧科. 北京郊区村落发展史［M］. 北京：北京大学出版社，2001：177-184.

③ 赵尔巽. 清史稿［M］. 北京：中华书局，2020：2493.

④ 吕思勉. 中国简史［M］. 北京：北京理工大学出版社，2020：316-319.

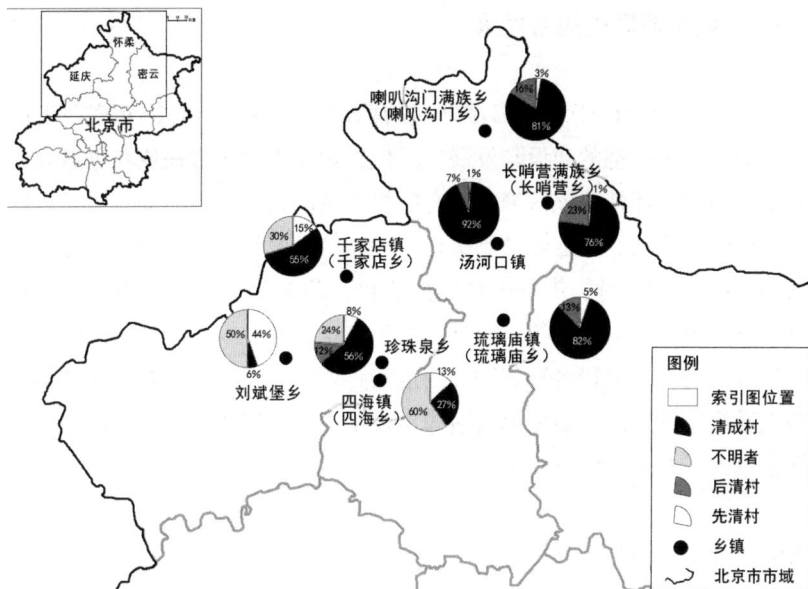

图3-8　清初人口的激增示意图

北部、西部山区逐步得到开发，大量山村随之形成。[1]他们多数为穷苦人家，无法在京郊平原地带为生，只好深入山区进行开发，垦种自食。其中，既有康雍乾三世的八旗兵丁，也有清末被迫另谋生路的旗人（图3–8）。[2]

3.4　都城建设因素

自公元前1045年起，北京已有三千多年的建城历史。经历辽、金、元、明、清五代发展。北京城亦拥有近八百六十多年的建都史，并实现了由地方行政中心，走向辽王朝的南京，并最终成为金中都、元大都以及明清首都的完美转变。在此背景下，随着城市职能的不断转变以及历史地位的提升，城市规模也逐渐扩大，导致京郊范围内古村落的空间发展，清晰地留下了辽南京、金中都、元大都以及明清北京城的历史印记。

---

[1] 尹钧科. 北京城市史　历史人口地理［M］. 北京：北京出版社，2010：279-281.
[2] 尹钧科. 北京郊区村落发展史［M］. 北京：北京大学出版社，2001：255-258.

3.4.1 金中都周边的古村落

　　由于金中都位于北京旧城外城的西南，因此，当时的北京西南区域，借由对金中都的建设与发展，不但出现了大批少数民族与汉族杂居的聚落形式，还使得该区域内既有的村落空间得以发展。如位于昌平区流村镇的漆园村、十三陵镇涧头村；大兴区礼贤镇的西里河村；房山区张坊镇的穆家口村、佛子庄乡黑龙关村；门头沟区大台办事处的千军台、龙泉镇的琉璃渠村等。此外，由于在金中都之东还开通了潞河，西面建有卢沟桥，使得各种货物经西南陆路可以直接运至中都。而伴随水路交通系统的发展，也使河流沿线出现了大批古村落，如北京市大兴区榆垡镇太子务村等（图3-9）。

3.4.2 元大都周边的古村落

　　作为华夷一统的元朝皇都，元大都相较于金中都，规模更大，且规划、设计更为科学合理，而其建造行为亦对周边古村落产生了积极的影响。首先，由于元大都选址于中都城东北，因此在设计前期，将北京城东北郊的一些村落拆迁；其次，由于元大都是择址新建的皇宫，需要大批农夫、工匠、军人和侍卫；为了安顿这些民众及其家眷，故在扩建都

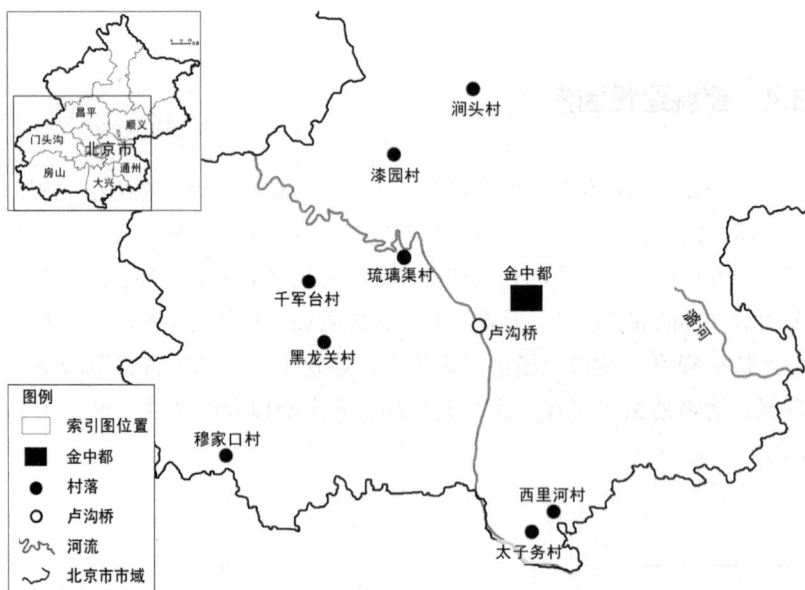

图3-9　金中都周边古村落的形成与发展

城规模的同时，使得大批居民涌入周边古村落，或基于某种需求，开始兴建一些新村落；特别是结合大都建设，修凿开通了通惠河，更促进了元大都地区运河两岸古村落的发展（图3-10）。元至元二十六年（1289年），"开河置闸，引汶水达舟于御河，以便公私漕贩"，利用山东半岛西部的汶水自东向西流的自然特征，将汶水引入卫河（即御河）。"起于须城安山之西南，止于临清之御河，其长二百五十余里"[①]，形成京杭漕运体系的咽喉之地。但是由于通州至大都一带，漕粮还需陆运，故为了加速漕运交通，元朝廷又启动了大都水利疏浚工程，即通惠河，旨在将通州至大都50里陆路转运官粮得以迅速传送。伴随着通惠河的开通，运河两岸的古村落空间格局发生了一系列重大变化，即原来的小村庄发展成大镇，甚至是城邑，而原本无村落的地方亦出现了大批新村。其中，通州区东南15里的张家湾镇便是借由运河修凿开通而逐渐发展壮大的古村落之一。[②]

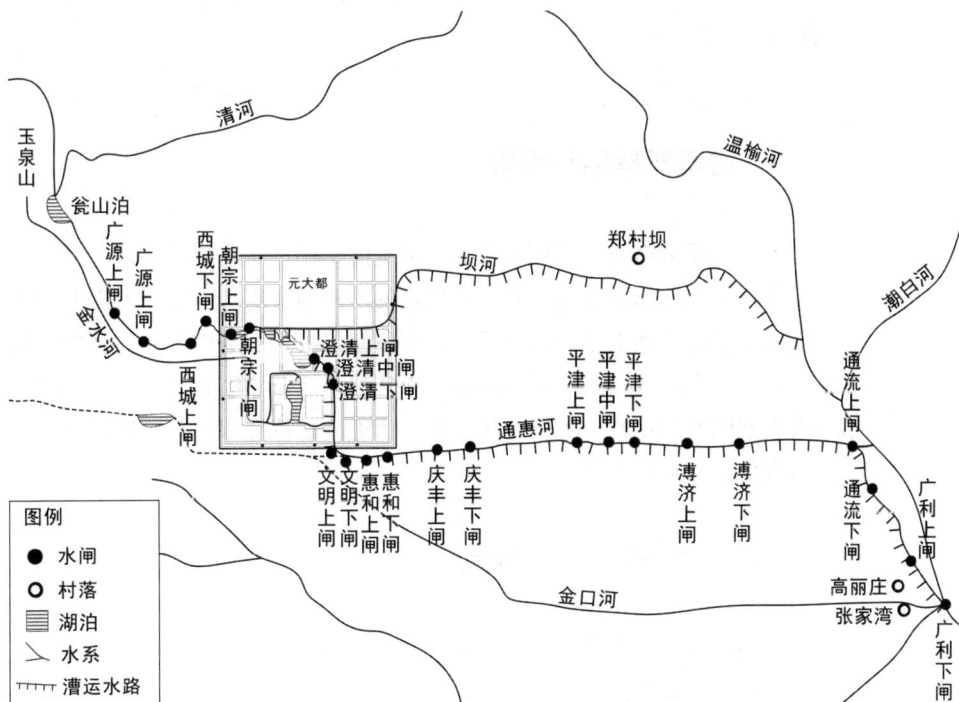

图3-10 元大都地区运河两岸古村落分布图
（资料来源：改绘自《北京郊区村落发展史》）

---

① 宋濂，等. 元史[M]. 北京：中华书局，2016：卷六十四.
② 尹钧科. 北京郊区村落发展史[M]. 北京：北京大学出版社，2001：150-155.

3.4.3 明清北京城周边的古村落

明代北京城的城市建设大抵可分为三个主要阶段，即洪武初年将元大都改造成北平城的改造阶段、永乐至正统年间的宫殿营建阶段，以及嘉靖年间增筑北京外城的扩展阶段，从而在建构北京城总体形制的基础上，对京郊古村落的形成与发展产生了一定的影响。

首先，将元大都改造成北平城的显著特征就是对元大都进行缩改。大都北部城区变为北平城安定门外和德胜门外郊区，并为北平城北郊村落的发展拓建提供了一定的环境条件。其次，宫殿营建阶段的最大特征是对元朝宫殿的拆除，并择新址进行建设。由于新城建设需要大量的人力、物力，故在都城郊区附近，形成以神木厂、大木厂、黑窑厂、琉璃厂、台基厂为核心的聚落空间，并由工部营缮清吏司统管，故具有皇村特质，通州区张家湾镇北的皇木厂村便是一例。再次，在增筑北京外城的阶段，随着城市规模的不断扩张，京郊古村落与城市的关系日趋紧密。

3.5 皇室营建活动因素

除修建都城对北京周边古村落的空间格局产生影响外，在京郊地区由皇室组织的修建活动，亦对古村落的形成与发展产生了重要影响。纵观城外郊区开展的皇室修建活动，多以修建陵墓、寺院为主。其中，陵墓修建活动以明十三陵最为典型；寺庙修建活动则因种类繁多，形成了具有不同空间属性的聚落环境。而三山五园的修建以及"圈地"运动，也促使北京周边形成了一系列聚落。

3.5.1 陵墓修建与北京古村落

1407～1644年，先后有13位明朝皇帝葬于昌平区北天寿山南麓地区。而十三陵的陆续修建，则为陵区及周围地区村落的形成与发展提供了条件。据记载，在明永乐年间，营建长陵以前（明十三陵中最早的陵墓），天寿山地区只有一个村落，即康家庄。后期，随着陵墓的陆续建设，逐渐将专门服务于陵墓管理工作的神宫监发展成村落，并形成了包括长陵村、景陵村、永陵村、庆陵村在内的多个聚落。为了保证各陵墓祭祀时有充足的果品供应，还在这些园、厂的所在地营建了村落，如长陵园村、泰陵园村、康陵园村等一系列以"陵""园"或"口"命名的古村落，它们大多与陵墓的修建有关。此外，根据《宛署杂记》的记载："环城百里之间，王侯、妃主、勋戚、中贵护坟香火等地，尺寸殆尽。"[1]由此可知，除皇陵外，明代的宗亲勋戚、达官显贵也多在京郊附近修建墓地。例如，石景山区的广宁村，便以明代初期广宁伯刘荣葬于此地而得名，顺义区空港街道的薛大人庄，也是因村北薛姓官府墓地而得名。在这里，由于皇陵或宗亲坟墓的选址，多基于风水思想，取地理、方位及风水极佳的地点进行建设，因此借由其修建活动而形成的古村落，在空间布局上也具有风水位置佳和集中布置的特征。例如，相邻而建的昌平区十三陵镇的茂陵村与德陵村，海淀区上庄镇的李家坟村与苏家坨镇的七公坟村等（图3-11）。[2]

3.5.2　寺庙修建与北京古村落

据记载，明北京城内外的佛寺道观空前繁盛，这种现象对北京古村落的形成与发展产生了巨大的影响。首先，在村落附近或村域内修

图3-11　明十三陵周边因维护陵园而形成的古村落分布图

① 沈榜. 宛署杂记：北京古籍丛书［M］. 北京：北京出版社，2018：32.
② 尹钧科. 北京郊区村落发展史［M］. 北京：北京大学出版社，2001：217-224.

建寺庙，可使其村落规模变大，村容改观，村名变更，并为村落发展提供条件。由于寺庙本身占地规模较大，且多选址于寂静、幽深之处，因此一旦寺庙群落与周边古村落发生关联，其辐射范围将在很大程度上得到扩展。同时，受寺庙文化的影响，为了增加村落的辨识度，位于寺庙周边的古村落，无论是建筑艺术还是规划布局，都强调与寺庙文化的融合，进而形成具有较高辨识度与深厚文化底蕴的民俗场所。其次，寺庙建设也成为新的村落形成的基础。除了发展既有村落的空间规模外，修建寺庙通常伴有新居民点的形成，并多以寺庙之名命名村落。据统计，北京周边，特别是山麓地带，存在大批以寺为名的村落，位于门头沟区清水镇的田寺村便是其中一例；明时村南有福田寺，该村土地原为寺产。由于北京周边寺庙类型多样，且形成年代并不统一，因此依托寺庙发展起来的古村落，其空间格局与文化内涵亦有所不同。

3.5.3　三山五园与北京村落

清代北京西郊皇家园林的兴建取得了空前绝后的辉煌成就，伴随着"三山五园"建设而逐渐形成的村落也日益发展壮大。据《北京郊区村落发展史》一书记载："为了圆明园的安全起见，始设圆明园八旗护军，驻防园之四周。其中，镶黄旗营房在圆明园后树村西，正白旗营房在树村东，镶白旗营房在长春园东北，正蓝旗营房在保福寺；正黄旗营房在肖家河村北，正红旗营房在安河桥西北，镶红旗营房在玉泉山东北，镶蓝旗营房在蓝靛厂西边。除圆明园八旗外，还设有圆明园包衣三旗。"清王朝灭亡后，这些八旗营房逐渐演变为村落，村名基本沿用驻防时的名称，在圆明园、香山附近逐渐形成以清八旗命名的村落（图3-12）。

而海淀的发展，也与兴建园林分不开。虽在金、元时期，海淀已初步形成一个聚落，但历经明代晚期皇家园林的修建，直到清代官员纷纷建造自己的宅地，海淀的商业才逐渐兴旺。伴随着西郊皇家园林的建设，海淀镇得到了蓬勃的发展，带动了周边如成府、树村、蓝靛厂、青龙桥等村落的兴盛，并最终将海淀、黄庄、太平庄、辛庄等多个村庄联为一体，统称为海淀。[①]

---

① 尹钧科. 北京郊区村落发展史［M］. 北京：北京大学出版社，2001：263-272.

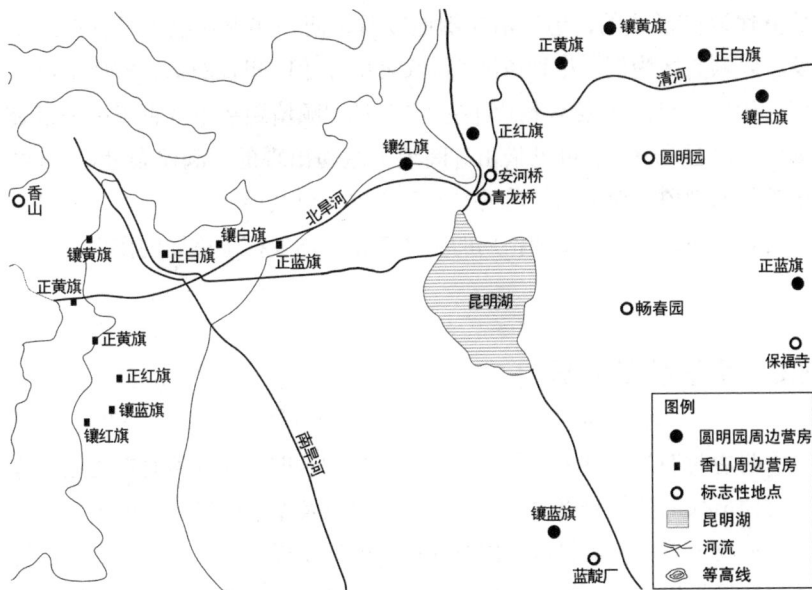

图3-12　圆明园、香山附近由清军八旗营房演变成的村落分布图

3.5.4 "圈地"运动与北京古村落

　　清初开展的"圈地"运动，对北京古村落同样影响甚大，特别是伴随着旗庄的大批出现，使区域内村落类型发生转变的同时，也影响了各村落空间组织结构的整体格局。据资料记载，自清朝定都燕京后，大批清军同抵燕京。为了满足清军及皇亲贵族的需要，清廷将燕京周边无主的大片田地，分给清朝的诸王、勋臣、兵丁人等，即所谓"圈地"运动；由此在京畿地区，出现了许多等次不同的皇庄、旗庄、田庄、庄屯等村落类型。以大兴区为例，据《清钞大兴县志校订本》记载，由于是"畿辅首地"，大兴区最早开展"圈地"运动，并形成"旗屯星列，田在官而不在民，故土著者寡而户口稀"的局面。[①] 在这里，"满汉杂处""旗屯星列"的描述，足以说明"圈地"运动之后，大兴区旗人、旗地、旗庄设置数量之多。例如，仅在东城旗下零村，便有八里庄、前大王庄、后大王庄、小武基、丘家坟、黄渠村、果村坝，以及楼子庄、十里铺、红门、南小庄、黄烧饼店、平房、高庙村、白鹿司、孪罗营、郑家庄、堡头、安家楼、太平庄20个村落。这些村落之所以被称为"旗下村"，就是因为村民多为旗人，周围土地也大部分为旗地。虽然这些村庄大都

---

① 孔煜华，姚文杰，赵文杰. 清钞大兴县志校订本［M］. 北京：中国书店，2020.

是清代以前形成的，但在清初圈地以后，便一律由八旗统一管理、建设。以顺义区为例，尽管该区"疆域无几"，但"里社殷繁，室庐杂沓，烟火相望，村落庄屯不下二百余所"，且"顺境距京未及百里……累累旗庄，顺邑居多"。可见借由"圈地"运动出现的"满汉杂处""旗屯星布"的现象，对清初村落的复兴和扩展，以及促使一批新村落形成，从而导致该区域村落空间格局的整体变化，均发挥了重要的作用。[①]

3.6 军事防御因素

明清时期是北京古村落数量增长最多的时期。与其他时期相比，这一时期最大的特征是借由明朝宫廷对马政以及军事防御系统的重视，因供养战马而形成各类村落，以及通过修筑长城以备防御，使得周边古村落的数量得以增多，而且各周边古村落还呈现出城堡化的职能转换。

3.6.1 供军需、养战马的村落数量增多

由于游牧民族擅长骑射，自朱元璋一统天下，并建立明王朝之后，十分重视养马，认为"马政，国之所重"。为抵御北方游牧民族的南下入侵和骚扰，建立了一套官民联合养马的国策。据《北京郊区村落发展史》一书记载，该政策分为官牧、民牧、卫牧和京牧，即官方设立御马监、苑马寺这些养马机构，民间则按照江南十一户养一马，江北五户养一马的标准，让北京和南京的太仆寺给老百姓分马种，同时给予一定的经济补偿。如此之国策是让民间替朝廷养马，供给中央京军使用。由此，便在北京形成了一大批由供养战马而兴盛的村落，这些村落往往都取名为"马房"或"马坊"。据《北京市通县地名志》《北京市顺义县地名志》《北京市大兴县地名志》《北京市昌平县地名志》《北京市房山区地名志》记载，如通州区郎府乡的马坊村、于家务回族乡的西马坊村、柴厂屯乡的前马房村和后马房村，以及漷县镇的草厂村；[②]顺义区木林镇的马坊村、双丰街道的东马坡村和西马坡村；[③]大兴区安定镇的

---

① 尹钧科. 北京郊区村落发展史 [M]. 北京：北京大学出版社，2001：246-254.

② 通县地名志编辑委员会. 北京市通县地名志 [M]. 北京：北京出版社，1992：236，297，310，312，290.

③《顺义县地名志》编辑委员会. 北京市顺义县地名志 [M]. 北京：北京出版社，1994：128，203，211.

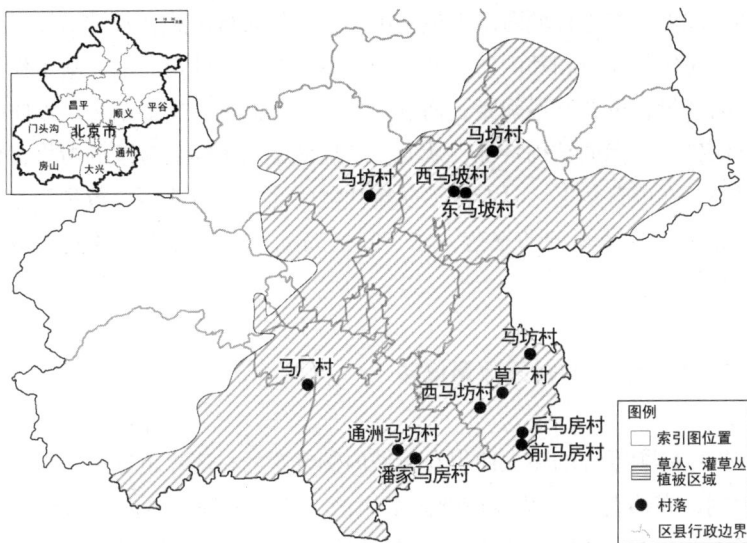

图3-13　因供养战马而兴盛的村落分布图

通洲马坊村和潘家马房村；^①昌平区小汤山镇的马坊村；^②房山区长阳镇的马厂村等；均是由于马户定居于此形成的聚落（图3-13）。^③而这些村落的所在地，往往水草茂盛，宜于放牧养马。^④

3.6.2　具有军事职能的村落数量增多

根据《明史·兵志三》的记载："元人北归，屡谋兴复。永乐迁都北平，三面近塞。正统以后，敌患日多。故终明之世，边防甚重。"^⑤由此可知，作为中国古代长城体系的集大成者，明长城的修筑，除了沿线最长（东起鸭绿江，西抵嘉峪关，绵亘万里，分地守御），修建技术最高（出现砖墙、空心敌楼等）外，还体现在其沿线设置的一系列等级分明、分工明确的军堡聚落。这些军事性城堡，兼具生活、屯兵与防御作战功能。其空间形制，因朝廷统一建设，而与一般村落不同。即在注重结合自然环境条件的基础上，经常择险而居，多在山麓、河旁进行营建

---

① 大兴县地名志编辑委员会. 北京市大兴县地名志［M］. 北京：北京出版社，1992：140，144.

②《昌平县地名志》编辑委员会. 北京市昌平县地名志［M］. 北京：北京出版社，1997：278.

③《房山区地名志》编辑委员会. 北京市房山区地名志［M］. 北京：北京出版社，1992：118.

④ 尹钧科. 北京郊区村落发展史［M］. 北京：北京大学出版社，2001：200-211.

⑤ 张廷玉. 明史［M］. 北京：中华书局，1974：2235.

活动。此外，作为长城防线上最基本的作战与防御设施，长城沿线设置的各类军堡亦注重相互间的互济作用。不但在沿长城走向上，基于作战半径的考量，设置城堡间距；而且在其纵深方向上，还要结合长城防线层层保护、调度的结构特征，从而使各级城堡基于辐射范围的考量，设置间距。在此背景下，具有军事防御功能的北京古村落不但数量较多，而且相较于其他类型的聚落，在空间格局上，也具有相应的间距设置要求。

3.6.3　长城沿线的村落数量增多

长城防御系统的建立使得在长城内侧设置的村落数量增多。以怀柔区为例，在西起黄花城、东到大水峪的一段长城周边（内外5公里），长城内侧有村落38处，外侧有村落32处；其中，明确为明代形成的村落，内侧有27处，外侧仅为4处。又或以密云区为例，在西南起自小水峪、东北至马关一段长城周边（内外5公里），长城内侧有村落43处，外侧有村落21处；其中，确定形成于明代的村落，内侧为18处、外侧没有。[1]由此可见，明代长城沿线内侧设置的村落数量，较外侧村落有数倍，甚至十数倍的增长，说明该时期村落的建置与当时明朝修筑长城并派重兵戍守有直接关系。在这里，形成这种增长趋势的原因有两个：一是为了修筑和戍守长城，明朝采取了相关措施，鼓励戍守兵丁及其眷属在长城附近安家，从而形成了大批村落；二是由于防守的需要，明朝禁止军民私自出塞活动，从而导致在长城内侧的村落数量远远多于外侧（图3-14）。

---

① 尹钧科. 北京郊区村落发展史［M］. 北京：北京大学出版社，2001：196-197.

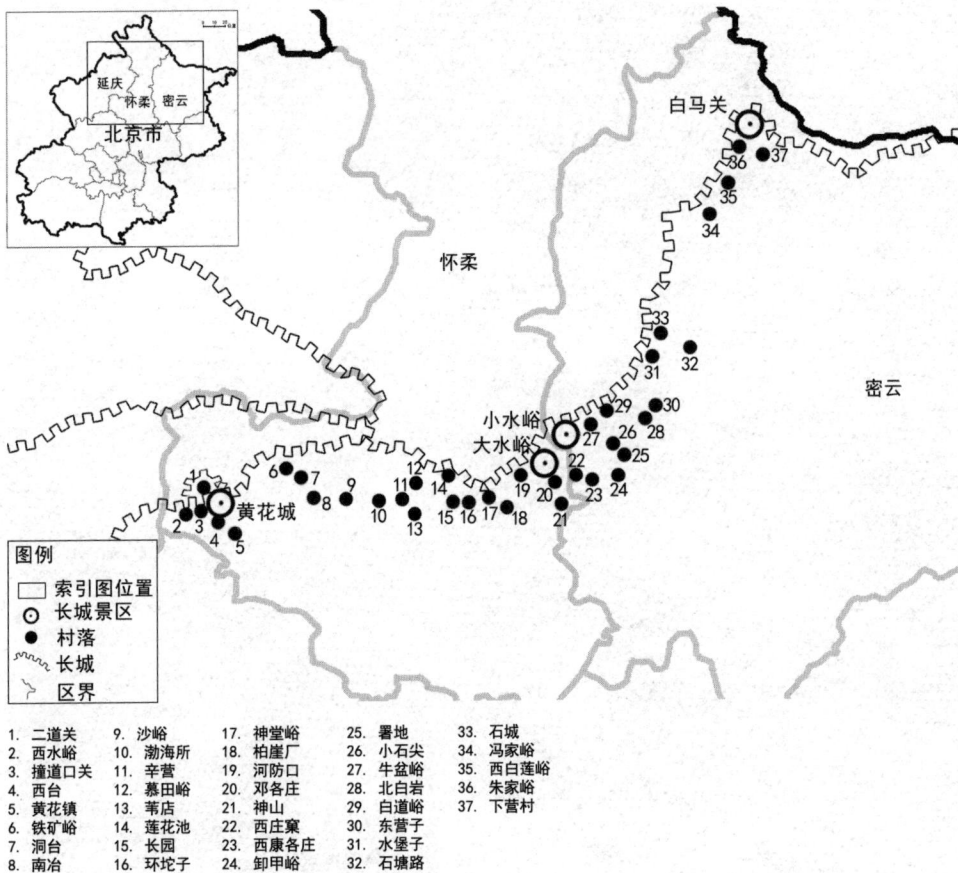

图例
- 索引图位置
- 长城景区
- 村落
- 长城
- 区界

1. 二道关
2. 西水峪
3. 撞道口关
4. 西台
5. 黄花镇
6. 铁矿峪
7. 洞台
8. 南冶
9. 沙峪
10. 渤海所
11. 辛营
12. 慕田峪
13. 苇店
14. 莲花池
15. 长园
16. 环坨子
17. 神堂峪
18. 柏崖厂
19. 河防口
20. 邓各庄
21. 神山
22. 西庄寨
23. 西康各庄
24. 卸甲峪
25. 暑地
26. 小石尖
27. 牛盆峪
28. 北白岩
29. 白道峪
30. 东营子
31. 水堡子
32. 石塘路
33. 石城
34. 冯家峪
35. 西白莲峪
36. 朱家峪
37. 下营村

图3-14 明代长城沿线古村落分布图

北京古村落的
空间布局与
形态特征

通过对北京古村落空间形态的分析可知，北京古村落由于所处地理环境，以及形成原因的不同，呈现出不同的系统职能，并借此形成相应的空间形态特征。从社会学视角探讨北京古村落空间形态的复杂系统性，强调以系统论的观点，首先分析不同成因之间的相互作用及其系统性关联；其次借由这种关联性，指出空间形态的规律性。在这里，古村落空间形态的形成与发展是人类政治、经济、社会、文化活动等，在历史发展过程中交织作用的物化，是在特定的环境条件下，人类各种活动和自然因素相互作用的综合反映，是技术能力与功能要求在空间上的具体表现。

如果说第3章从社会学整体观的角度，分析了北京古村落的分布规律，指出在宏观分布上，其空间结构呈现出从无序到有序、整体大于部分之和的一般规律。那么，本章将从社会学系统论的角度以及中观层面，进一步揭示北京古村落的整体空间布局与形态特征，并由此展现北京古村落系统诸方面的特色。

4.1　北京古村落空间特征的成因

4.1.1　选址：顺应自然

在不同的历史发展阶段，自然因素和社会因素对村落空间形态的形成发挥着不同的作用。一般认为，社会生产力发展水平越低，自然因素对村落的影响和制约作用越大；社会生产力发展水平越高，人类改造自然的能力越强，自然因素对村落的影响越小。现存的北京古村落大多建于明清时期，虽然就封建社会漫长的发展历程而言，明清已经属于经济社会发展水平较高的时期了。但就整体而论，生产力水平仍然较低，人们改造自然的能力还非常有限，特别是在广大农村地区。因此，对北京古村落来说，影响和决定村落空间特征的主要因素为自然因素。在人们改造自然能力相对较弱的封建社会，人们首先需要面临的挑战就是如何顺应自然，协调人与自然的关系，这一挑战在选址方面体现得尤为充分。

在我国古代的营建活动中，一向都十分注重选址，村落营建也不例外。古村落的选址反映出古村落营建中朴素的规划意识，其中风水思想是古代村落选址遵循的主要依据。东晋郭璞撰写的《葬经》曰："气乘风则散，界水则止，古人聚之使不散，行之使有止，故谓之风水。风水之法，得水为上，藏风次之。"①风水思想的核心是"气"，藏风聚气的地方才是好地方。按照这样的原则，村落选址的理想之地应具备"以山为依托，背山面水"的特征。背山可以"藏风聚气"，面水可以使气"界水则止"。如门头沟区斋堂镇的爨底下古村落，就属于典型的按照风水思想建成的村落。

　　爨底下村位于北京西部的深山峡谷之中，相传该村于明永乐年间（1403～1424年）主要由山西移民会聚营建而成。村落基于风水思想，经过精心勘察与分析，选址于群山环抱、泉水绕流的福地之上。周边环境的整体格局气势壮观，传统风水选址要素一应俱全。在土地的利用安排上，遵循"顺应自然，因地制宜"的理念，将自然环境的潜力和村民的生产生活需求紧密结合，最大化地利用自然条件，依山就势，筑宅建院，引水修塘，随坡开田。

　　在空间格局上，位于中轴线上端的风水主山龙头山形态丰满圆润，植被茂盛，前方冠带之水蜿蜒流淌，两侧笔架山、蝙蝠山巍峨耸立。这些山水文脉使得村落的整体形态恰如一只完美的"元宝"（图4-1）。这样独有的风水特色，不仅在北方罕见，在南方村落的风水环境中也实属罕见。

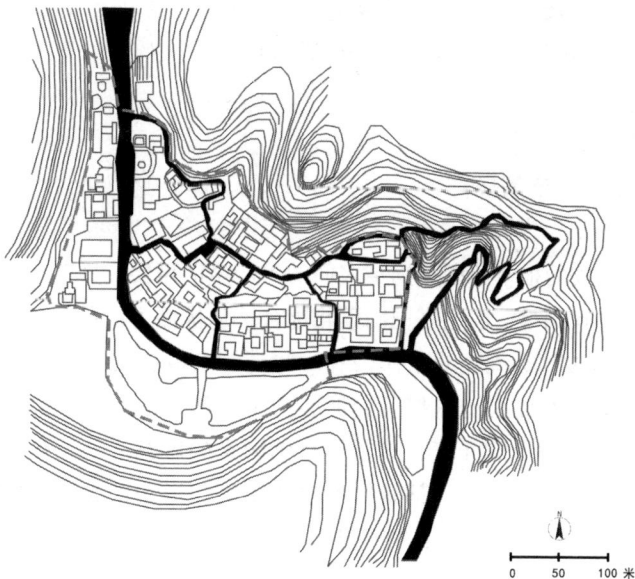

图4-1　门头沟区斋堂镇爨底下村山水格局

---

① 纪昀. 文渊阁四库全书：第808册［M］. 台湾：台湾商务印书馆，1972：12-40.

图4-2　门头沟区斋堂镇爨底下村鸟瞰图

　　在空间结构上，村落整体以龙头山为中心，向下延展出扇面形的村落整体布局，并形成以龙头山为中心的南北中轴线。七十余座精巧紧凑的四合院民居随山势高低变化，分为相对高差近二十米的上下两层，它们呈放射状灵活地布置在有限的基地上，严谨和谐，变化有序（图4-2）。

4.1.2　成因：丰富多样

　　村落形成的根本原因是满足人们的生产生活需要。具体来说，则是因地因时各有侧重，以主客观因素相配合，从优而为，择要而成，由此形成多样的村落类型。北京作为我国封建社会的权力中心，其城市的性质和功能，对北京地区村落的形成产生了深远的影响。就北京郊区村落空间形态的形成而言，除了受自然因素的影响之外，移民屯田、驻军营房及都城建设等，都是村落空间布局和形态构成的重要影响因素。概括起来，北京郊区古村落按其形成原因，大致可以分为以下4个大类。

1. 服务型村落
　　服务型村落是指为了满足或提供特定的服务而形成的村落。在北京都城及郊区村落形成与发展的过程中，围绕都城建设、皇室贵族及百姓的生活需求等，先后形成了大批专门从事特定生产的服务型村落，其主要类型包括商户村、匠户村、窑户村等。

商户村是指在北京通往周边地区的古道沿线，为过往商客提供商业服务，以此作为主要经济来源的村落。例如，门头沟区京西古驿道上的龙泉镇三家店村（图4-3），东、西辛房村，大峪村，王平镇西王平村等，均属于此类村落。

匠户村是指为城市提供手工艺产品、矿业服务的村落。明代北京城市建设所需用的石料，大都采于房山、昌平、怀柔等地。因长期采石需要形成的村落，即属于匠户村。例如，房山区的大石窝镇石窝村和下营村，均因开采汉白玉而形成村落。丰台区长辛店镇大灰厂村，因盛产石灰而得名。房山区河北镇的磁家务、周口店镇的周口村在明代均设有石灰厂。门头沟区永定镇的石厂村，明代是皇家采石场，逐渐演变成村落。门头沟区龙泉镇的琉璃渠村，自元代以来，一直都是皇家御用建筑琉璃制品的原料产地。还有门头沟区军庄镇的灰峪村（图4-4）、潭柘寺镇的北村等一批村落都曾经是京城石灰原料的供应村。

窑户村主要分布在京西房山、门头沟等地。自元代以来，房山区、门头沟区一直都是北京的能源基地。房山区大安山乡、史家营乡、南窑乡，门头沟的九龙山、百花山麓等均是历史上的产煤区。许多窑工长期聚居在煤窑附近，逐渐形成了村落（图4-5）。

图4-3　门头沟区龙泉镇三家店村

图4-4　门头沟区军庄镇灰峪村

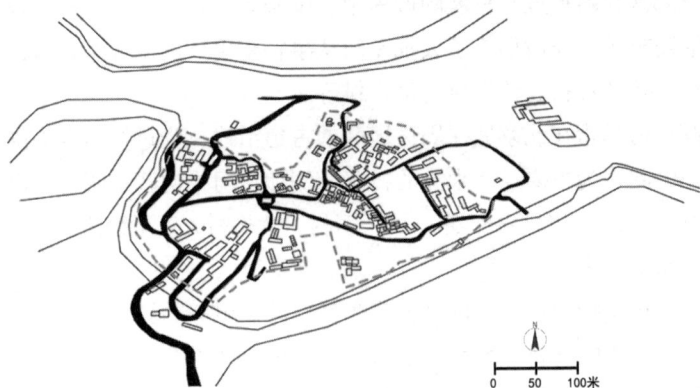

图4-5　房山区大安山乡寺尚村

2．屯田型村落

屯田型村落指因屯田形成的村落。屯田的产生源自屯田制，它指的是利用士兵和农民垦种荒地，以取得军队的食品供给和税粮。屯田有军屯、民屯和商屯之分，"军屯"型村落是指因卫所军士屯田而建的村落；"民屯"型村落主要是指因移民屯田形成的村落；"商屯"型村落是指因两淮盐商在边疆地区召民屯田形成的村落。其中，商屯主要出现在边疆地区，因此北京郊区的屯田只包括军屯和民屯。北京郊区的屯田主要始于明朝。为了保卫大明的江山社稷，明王朝在全国各地设立了大量的卫所，屯驻重兵。而北京作为首都，更是屯兵的重点。

屯田型村落主要分布在北京周边的平原地区以及延庆中部的小平原地区。例如，延庆区井庄镇的柳沟村（图4-6），延庆镇的双营村，张山营镇的西五里营村和东门营村，刘斌堡乡的刘斌堡村；怀柔区杨宋镇的四季屯村；丰台区卢沟桥乡的大屯社区和小屯社区，王佐镇的米粮屯村；通州区潞城镇的召里村、常屯村、后屯村和霍屯村；顺义区牛栏山镇的下坡屯村；平谷区大兴庄镇的韩屯村，山东庄镇的北屯村；密云区不老屯镇的不老屯村，河南寨镇的南金沟屯村和北金沟屯村等。

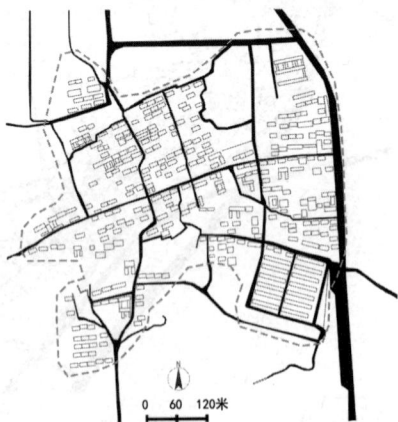

图4-6　延庆区井庄镇柳沟村

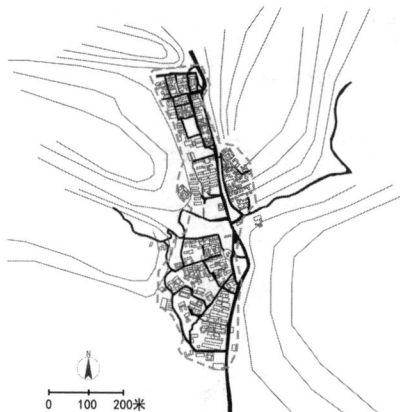

图4-7　昌平区流村镇长峪城村

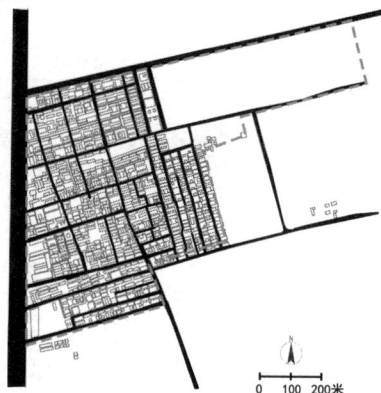

图4-8　大兴区魏善庄镇前苑上村

3．守卫型村落

守卫型村落是指分布在长城沿线或边关隘口的村落；出于守卫的需要，此类村落多建为城堡式。其中，位于长城沿线的守卫型村落多是依托长城，由长城的防御体系演化而来的；而位于其他区域的守卫型村落，则多是出于自身防御功能的需要而建设的。此类村落多建于明代，主要分布在密云、昌平、延庆和门头沟等区。例如，密云区新城子镇遥桥峪村，冯家峪镇白马关村；昌平区流村镇长峪城村（图4-7）；延庆区八达岭镇岔道村，大榆树镇小张家口村，四海镇四海村；门头沟区军庄镇军庄村，斋堂镇沿河城村等。

4．农耕型村落

在中国以传统小农经济为主体的封建社会制度下，聚族而居和以农业为主导的村落是古村落中的主体，北京亦如此。除上述各类特点鲜明的古村落之外，北京郊区的其他古村落大多属于农耕型村落，如大兴区魏善庄镇前苑上村（图4-8）和后苑上村，以及房山区良乡镇张谢村。

4.2　北京古村落空间布局与特征

北京古村落根据其形成原因与构成特点，大抵可以分为自然聚落式、交通要道沿线式、长城沿线堡寨式三种类型。在此基础上，结合生成环境中的自然、人文、地域等因素，又可将其进一步细化成9个小类，从而构成系统化、层级化的组织关系（图4-9）。通过前文对这些

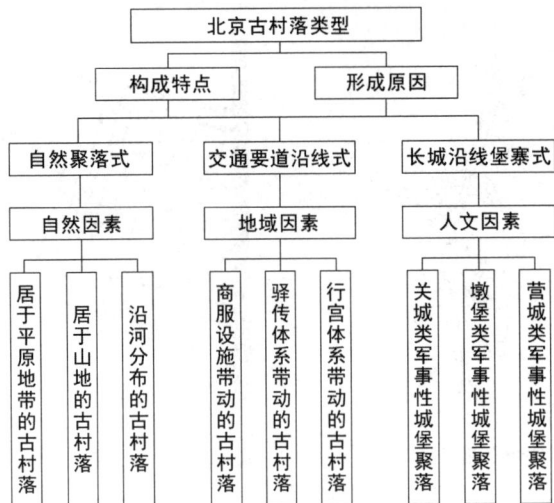

图4-9　北京古村落空间结构形制

古村落演化过程及其空间关系的分析，发现各个古村落首先受自然环境的影响，通常选择易于生产与生活的场所进行营建，并因当时交通系统不够发达，导致其在空间格局上的关联性较弱。但随着功能需求的扩大与交通工具的不断发展，这些看似没有关联的古村落开始发生聚合作用。不但在布局规律上呈现出从无序到有序的演化过程，还以其功能上的相互作用，实现了优化整合，从而形成一种有组织的复杂结构，即"整体大于部分之和"的整合效应。在这种复杂性的系统建构中，各种类型的古村落虽然在空间格局上具有一定的关联性，但因其功能属性的不同，又具有差异化的空间形态特征。

　　对自然聚落式古村落而言，由于主要受自然环境因素的制约，其在空间格局上呈现的形态特征更为多样化，即在继承和发展我国传统聚落从选址到营建的理念上，结合生成环境所特有的山水景观，或依山而建，或傍水而设，亲近自然；而各个村落相互之间的关联性则以生活需求（生活半径）的控制范围为主。交通要道沿线设置的古村落通常分布于陆路、水路沿线，并多以驿传、行宫或服务性聚落的形式为主。该类古村落的空间选址受交通线路走向的影响极大，故多呈带状分布；其相互间的关联性则以交通线路（沟通半径）的等级作为依据。最后，对长城沿线堡寨式古村落而言，由于空间方位受到长城防御工事的影响，且设计初期多依托于原有军事防御体系的使用职能，因此在空间形态上具有封闭性和防御性；同时，其选址策略也与自然聚落式古村落不同，多选在地势险要之处，相互关联，以军事防御（作战半径）的必要性作为依据（表4-1）。

北京古村落的空间布局及形态特征比较　　　　　　　　　　　表4-1

主类	亚类	分类依据			典型村落
		主导成因	空间布局及形态特征	完好程度	
自然聚落式	山区古村落	逃荒农民或流民自发建成	多分布在高山地貌区，受地形所限，灵活布局，呈分散式带状布局，规模较小	高	平谷区山东庄镇桃棚村
	平原古村落	农耕条件优越带动发展	总平面布局上大致呈圆形、方形、长方形等规整格局，多采用集中式布局模式	中	顺义区大城子镇杨各庄村
	沿河古村落		多分布于潮河、白河故道的条状台地及滨水区域，多呈串珠状分布，且规模较大	高	密云区石城镇捧河岩村
交通要道沿线式	驿站型古村落	邮驿线路	邻近驿站，呈带状分布	低	怀柔区宝山镇道德坑村、密云区古北口镇古北口村
	行宫型古村落	皇家出巡线路	邻近行宫，呈带状分布	低	密云区刘家庄村
	商贸型古村落	京杭大运河及漕运线路	邻近码头，呈带状分布	低	通州区张家湾镇张湾村、皇木厂村
长城沿线堡寨式	关城类古村落	军事工事	多位于重要关隘处，数量最多，城堡周长多为240~350米	中	密云区新城子镇小口村
	墩堡类古村落		多兼具报警台和堡垒功能，城堡周长多为350~1000米	中	密云区新城子镇吉家营村、遥桥峪村；怀柔区黄花城乡鹞子峪村
	营城类古村落		城内设十字街，城外有校场和屯田，城堡周长通常为1000~2000米	中	密云区新城子镇曹家路村；怀柔区九渡河镇黄花城村

4.2.1　自然聚落式古村落：依附山水环境

　　北京市西部、北部和东北部是山地，中部、南部和东南部是平原，地势为西北高东南低。西部山地统称为北京西山，属于太行山北段的一部分；北部、西北部和东北部山地，属于燕山山脉的西段。北京山区总面积约占全市总面积的62%。

与其他地区同类型的古村落类似，北京自然聚落式古村落，同样首先依照"天人合一"的风水思想，选择背山面水、枕山环水或依山傍水的宅居环境进行选址布局，并使聚落与自然山水等环境因素相契合。例如，在山地区域内，多选择相对开阔或地形坡度不大的山麓、谷地等处聚居，并设计与山脉形态相结合的庭院空间及其道路系统。其次，这类聚落十分注重对山水自然的整合运用，因而在布局上多建在河的北岸、南向的坡地上。按照不同的自然地理特征，北京自然聚落式古村落又可分为山区古村落、平原古村落以及沿河古村落三种主要类型。

1. 山区古村落

北京地区的山地古村落大多形成于清代以后，是由逃荒农民或移民自发建成的一种聚落形式，且大多集中分布在怀柔、密云等区的山地区域。由于这类地形环境地势起伏较大，缺少大面积的平坦地带。因此，该区域的北京古村落多在山地地形条件的限制下，结合山体坡度、方位等自然因素，进行灵活布置。在此背景下，北京山区古村落的空间布局呈现出或依山势、沿道路伸展，或沿沟谷排列的自由式结构特征（图4-10）。正是由于规模不大，且受到地形的严格限制，因此这类古村落的组织结构较为松散，并多呈现为分散式带状布局的空间关系。而在山谷地带进行选址布局的北京古村落，则强调借由地形条件的限制，形成具有围合感的空间结构，并使其与周边古村落分隔开来。因为在冬季山区气候较平原地带寒冷，故此类古村落的空间形态及其建筑尺度都相对较小，且多数选择就地取材，使用当地的石材作为建筑材料。

2. 平原古村落

平原地区地势平坦、开阔，且居住人口众多；因此，地处平原地带的北京古村落，不但空间尺度较大，且多呈圆形、方形、矩形等规整的空间格局。同时，各村落间的关联性也较为密切（图4-11）。除此之外，因较少受到地形条件的限制，该区域内的古村落，在选址上大多选择自然资源丰富、便于耕种的地带，进行长期的聚居活动，从而形成了以耕地、园地为主体的自然聚落。而居住人口较多，又使得村落内部的结构形态在极为紧凑、密集的同时，为了满足贸易、交流的需求，相邻村落间的关联性亦得以加强，并呈现出比山地古村落群规模更大、功能整合更优化的布局系统；如朝阳区黑庄户乡万子营村、海淀区上庄镇李家坟村和房山区良乡镇张谢村，这些都是典型的北京平原古村落。

图4-10 北京山区古村落的分布形态

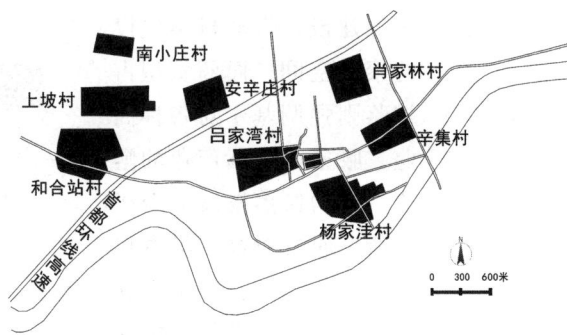

图4-11 北京平原古村落的分布形态

3．沿河古村落

北京地区的沿河古村落主要集中在深山区较为开阔的河谷地带、河湖水道两岸等处。例如，在怀柔区、密云区和顺义区牛栏山之间的三角形地带内，总体呈孔雀开屏状分布的古村落群，空间布局井然有序。

作为潮河、白河两河出山之处，该区域因河流多次共道和分流，留下了许多东北—西南走向的古道路。而夹杂在这些古道路之间的带状台地，不仅为居民提供了一个免于水患的安全地带，而且借由多年的河流沉积，使该区域的地质条件十分优越，故而逐渐形成了一系列呈串珠状分布的乡村聚落（图4-12）。又如，在通州区南部，距今约千年之前，曾有过堪称北京历史上最大的湖泊，名为延芳淀。据记载，延芳淀自辽代起就是皇帝狩猎之地，从而使原本人烟稀少的区域，逐渐集聚了一定数量的村落，如张家湾镇大北关村、张湾村，于家务回族乡于家务村，台湖镇台湖村等。直至清朝中期，由于湖泊自身的演变，延芳淀的水域范围逐渐缩小，直至消失，但是这些古村落仍然得以留存下来，并因其形成和发展时间的不同，而在空间布局上具有差异。

4.2.2　交通要道沿线式古村落：顺应线性道路

地处北京地区交通要道沿线的古村落，大多为沿途的中转站或作为集散地而存在。这些村落由最初的临时性居住点逐渐集聚而成，并借由便利的交通及信息网络，对该区域内的古村落空间格局产生影响。根据形成原因的不同，交通要道沿线的北京古村落，大抵可分为驿站型古村落、行宫型古村落和商贸型古村落三种类型。其中，驿站型古村落是指在古驿道沿线设置驿站，并借由驿站带动村落建设的聚落空间；行宫型古村落是指结合皇帝行宫的建设，带动村落建设的聚落空间；而商贸型古村落则强调基于对各种商业、服务业附属产业的塑造，带动村落发展的聚居场所。通过对这三类古村落的分析可知，居于古驿道沿线的古村落，其空间布局多为带状分布；而地处行宫附近的古村落，其空间布局则多根据为行宫

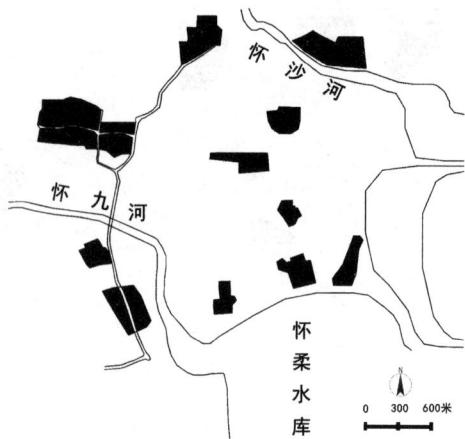

图4-12　北京沿河古村落的分布形态

提供物资、人力供应的条件限制，呈现出一体化的分布特征；与行宫型古村落类似，商贸型古村落同样受到服务对象的影响，从而选择具有优势资源的区位进行布局，并呈现出组团式的分布规律。

1. 驿站型古村落

特殊的地理环境，使得北京在历史上一直都是华北平原北部地区的对外交通枢纽，并在东南西北各个方向，形成通向蒙古草原、松辽平原以及辽河下游平原在内的多条古驿道（表4-2）。与上述四条进出北京的古驿道相比，对北京经济以及京郊古村落空间布局发挥重要作用的是京西古道。京西古道由北京向西，一路穿越崇山沟谷，形成南、中、北几条主路与若干支路，形成"内连各村镇及名山、古刹、长城，外通房山、涞水、涿鹿、怀来、昌平，东过永定河、石景山、海淀"等区，构筑了一套较为完整的古代交通道路体系。而按照交通和地理的划分，京西古道大抵可以分为麻峪至王平口的玉河大道，三家店村至王平村的西山大道，以及包括庞村、东辛城村、卢沟桥至潭柘寺香道，以及通往妙峰山五条古香道在内的三个主要部分。各个古驿道沿线形成并逐渐发展起来的古村落，则根据各自生成环境以及村落职能的不同，而在布局形态上存在相应的变化。

2. 行宫型古村落

作为清代皇帝到避暑山庄或巡游四方的通道，在其主要道路的沿线，共分布有十余座行宫。为了给这些行宫提供必要的人力与物资供应，在其周边开始出现具有不同职能的居民点。经过人们长期的聚居行为，这

	功能用途	古村落代表	沿线古村落布局特征
京西古道	商旅通道：用于交通运输	官山大道沿线的古村落爨底下村、柏峪村、黄岭西村	多在交通便利、环境开敞之处选址；空间格局相对开放，联系密切
	军用道路：用作军事用途的道路，平时兼作香道和商道	石佛村	多在军事要塞、易于防守的区域选址；空间格局相对封闭，但彼此联系较密切
	进香古道：用作进香活动的通路，平时兼作商道	西山地区的古村落	多在风水、地理条件优越的区域选址；空间格局考究，相互关系视寺庙位置而定
延庆古驿道	军事道路：作为太行八陉之八，军都陉是北京去怀来、宣化、内蒙古草原的天然通道，其全长二十余公里，是重要的军事道路，分南北两路	南路沿线：岔道城、康庄、镇边城、大古城村、涿鹿县，以及黄帝城、帝泉、蚩尤寨、定车台、八封村等	多在军事要塞，易于防守的区域进行建设，空间格局相对封闭，但是彼此联系较为紧密；分布格局受作战半径的影响，并注重与地形、地势条件的结合
		北路沿线：上下坂泉村、土木堡小村、新保安、鸡鸣驿	
东北古驿道	通使驿道：为建立辽宋通使业务，共建驿道1800多里，沿途修建驿馆32座，还设有支线驿道；其中，白沟至中京驿路是宋使的必经之路，在北京境内的驿路约有350里，驿馆7座	高碑店、涿州、良乡镇、幽州、顺州、檀州、密云区石匣镇、古北口镇	多在交通便利、军事防线内的区域进行建设；空间格局联系性较强，其间距设置具有明确的建制要求；由于古代驿站通常与长城防线联系密切，从而形成驿传系统，因此多居于长城防线内

些居民点逐渐发展为村落。其服务对象相同，所处地理位置相近，因此各村落间的联系较为紧密，从而具有集聚性的布局特征。通过对密云区刘家庄村的分析可知，作为服务于清代康熙皇帝巡视古北口所建行宫的古村落，刘、林、池三村逐渐优化整合，演化为统一的聚落场所。①

3. 商贸型古村落

　　明清时期，为服务都城建设以及满足皇室的日常生活需求，北京郊区的部分古村落选址在物产资源充足、交通便利之处。这些古村落大多

---

① 戴林琳，盖世杰. 京郊历史文化村落的资源类型及其谱系建构研究——以北京东郊为例[J]. 规划师，2011，27（4）：84-89.

经济繁荣、流动人口众多；同时，为了开展商品贸易，古村落相互间联系密切，交通路网发达，呈带状分布于交通要道沿线。以北京东郊的京杭大运河为例，作为商品卸货、存放、再加工以及商户交易的场所，其自明代起，就成为打通我国远距离运输的南北交通线，并成为粮食、木材等商品运输的主要通道之一。而伴随着漕运的稳定发展，以及长途运输带动起来的沿线经济，在北京东郊形成了以码头、仓储及加工工厂为主体的聚落空间，如张湾村、皇木厂村等，都是代表运河沿线古村落形成与发展的典型实例。

4.2.3　长城沿线堡寨式古村落：共筑守备防线

京郊是北京城防御的最后屏障，故从明代开始便形成了以长城为主体的军事防御体系。而在长城防御工事中，除了城墙本体外，还包括"五里一墩、十里一堡"的敌楼、烽火台、关城、墩堡等军事设施。北京境内的长城自东向西主要分为三路，分别由昌平镇、宣府镇和蓟州镇统领和管理。目前，在这三路长城沿线上，分布着128个具有军事功能的城堡聚落。根据其所承载的军事工事类型的不同，可将沿线古村落进一步划分为关城类、墩堡类、营城类古村落三种主要类型。

另外，从这几种堡寨式古村落的形成和演变过程来看，其选址多为地势险要之处，总体布局均结合长城防线走向，并注重各级城堡间、各种军事防御设施间的相互关联。同时，根据区域军事防御等级的不同，其间距随之做出相应调整。在北京东北部的怀柔区、密云区和平谷区，集中分布着82座堡寨式古村落，占北京境内城堡数量的64%。此外，北京地区具有军事职能的古村落，还具有防御等级高、空间形态规整、多布置在长城防线内侧，且交通路网发达等特征。

1．关城类古村落

关城类古村落是指位于重要关隘周边的军事性城堡聚落。根据明代规制，关城类古村落的周长多为240～350米，规模适中，且建造数量最多。根据《读史方舆纪要》的记载："其边墙皆依山凑筑，大道为关，小道为口，屯军曰营，列守曰寨。"[1]由此可知，北京地区长城沿线的许多古村落都是因此而得名的（表4-3）。同时，通过分析关城类古村落的布局形态，可知此类古村落的构筑形制十分完善，具有明确的空间组

---

① 顾祖禹. 读史方舆纪要［M］. 上海：上海书店出版社：1998：98.

类型	区域	关城古村落
称为"关"的古村落	昌平区	居庸关
	怀柔区	二道关、大水峪关
	密云区	白马关、潮河关、石塘岭关、黑峪关、墙子岭关
	平谷区	将军关、黄松峪关
称为"口"的古村落	门头沟区	洪水口、龙门口、沿河口、向阳口
	昌平区	高崖口、白羊口、兴隆口、南口、德胜口、燕子口、碓石口、上口、下口
	怀柔区	撞道口、磨石口、河防口、亓连口
	密云区	古北口
	延庆区	黑峪口、黄峪口
称为"营"的古村落	平谷区	镇罗营
	密云区	河南营、营房、吉家营、下营、马营
	怀柔区	辛营
	昌平区	五里营
称为"寨"的古村落	平谷区	北寨、熊儿寨、峨嵋山寨
	密云区	梨寨、曹家寨
	昌平区	黑山寨

织结构，且关隘与关隘、关隘与关城，以及关城与关城之间，均具有系统化、层级化的组织关联。

2．墩堡类古村落

墩堡类古村落是指在重点防御区域内设置的军事性城堡。依据明朝制度的要求，由于空间尺度与军事等级的不同，军事城堡可分为镇、路、卫、所、堡五个级别，并具有相应的建筑形制、空间规划、附属设施的配置要求。

在布局特征上，各个级别的墩堡类古村落一方面在与长城防线同方向上，具有水平向的组织关联，其间距设置根据墩堡级别的不同而有差异；另一方面，则在与长城防线垂直的方向上，建构具有纵深关系的组织关联；并在这种空间结构中，各司其职，层层把控。北京地区墩堡类古村落的类型全面，军事级别较高，分散在各个军事要塞中，旨在加强京师长城防线的守卫能力（表4-4）。

古村落名称	古村落特征
居庸关	"州西北二十四里为居庸关南口，有城，南北二门，自南口而上，两山之间，一水流焉；道出其上，十五里为关城，跨水筑之，亦有南北二门，又有水门；宣德三年，命修居庸关城及水门者也；又八里为上关，有小城，南北二门……又三里即延庆州之八达岭矣，岭上有城，南北二门，元人以此为居庸北口"
黄花镇	黄花镇在昌平"州北八十里，有城；元置千户所于此，当居庸、古北二关之中，北连四海治，拥护陵寝，为京师后户；城西有垣，一重曰头道关，二重曰二道关；关之西南一里，曰撞道口堡，又西为鹞子峪堡、西水峪堡，堡西即八达岭也"
白杨口	白杨口在"州西北四十里，距居庸南口二十里，亦曰白羊口；元置白羊千户所于此；今有城，调官军戍守；西南又有小城，曰白羊新城，南北冲要处也……又西北四十余里曰长峪城，其西小城，亦曰长峪新城；又西二十里曰横岭口城，亦为守御要地……口西二十里，有镇边城，城在长峪西北四十里，三门；正德中，设镇边守御千户所，后益增兵戍守"
慕田峪堡	"在（昌平）州东北百有五里，其西南有慕田峪城，设官军戍守；万历初，移渤海所于慕田峪关，是也；城西有贾儿峪堡、田仙峪堡，城东为亓连口，与密云县石塘岭关接界"
大水峪关	"大水峪关在怀柔县东北三十里，北去密云县之石塘岭四十里，有城；旁地平坦，贼骑易入""大水峪西北有西石城、东水峪二堡，南有神堂峪堡，皆有官军屯守"
石塘岭关	"石塘岭关在（密云）县西北四十里，有城，周二里有奇，内有石塘营""石塘岭西北有骠骑堡，有水关，白河从西北塞外流经此；又东北有石佛堡"
白马关	"白马关在石塘岭东北四十里，东去潮河川九十里，有城，有水关；其东有陈家峪堡，亦曰陈家峪关，又有吊马峪关，南有冯家峪堡""白马关相近有高家堡；万历中，朵颜犯石塘岭，攻白马关及高家堡，官军御却之"
砖垛子关	"砖垛子关，古北口东第七关口也；又东北为司马台寨，有小城，西去潮河川二十里；其东南为将军台堡"
曹家寨	"曹家寨在县东北九十里，西去潮河川六十里，古北口东第十三关口也；近代尝为寇冲；有城，周六里有奇，城西为新营口"
墙子岭关	"墙子岭关在县东北七十五里，古北口之东南；城周一里有奇，有水关"

3. 营城类古村落

营城类古村落是指一些规模较小的城堡，或由村民自发建设的村堡。例如，在延庆区就有许多由村落演化而来的军事性堡寨。它的空间格局相对自由，不但没有统一的建制要求，而且各堡寨之间的联系性也

---

① 顾祖禹撰，贺次君，施和金点校. 读史方舆纪要 [M]. 北京：中华书局，2005：卷十一.

不强。由于在蒙古军南进烧杀抢掠时，京郊大批古村落都面临入侵者的打击，因此这种将村落改造成军事堡寨的现象在当时的京郊地区十分普遍，如双营村、白庙村、榆林堡村等村落。此类村落边界处均较为完整地设置了高大的土城垣或石城垣，旨在加强村落自身的防御能力。

4.3　北京古村落空间形态与特征

本书第2章中对北京古村落的生成环境以对比的方式进行了详细分析，包括地形、地貌、气候、河流水系在内的自然因素，以及人文、地域在内的社会因素，共同构成了北京地区古村落生成的基本环境。而当我们进行更深层次的探讨时，便会发现这些因素中存在着主导和从属关系，例如特定的自然环境条件和不同的成因，影响并制约了古村落的空间发展形态；耕地、水资源等基本生产生活要素，又决定了村落总体的发展规模。正是由于主导因素的存在，使得北京古村落呈现出不同的空间形态特征，并组合成集团式、曲带式、放射式、自由式、城堡式五种不同的空间形态类型。

4.3.1　集团式村落：格局规整

集团式村落用地较为平整方正，其平面形式多为方形、矩形和圆形。街巷横平竖直、主次分明，随地形条件的不同，具体形式又有微小的变化（图4-13）。此类村落主要分布在大兴、房山、顺义、通州、昌平南部，以及延庆中部平原、盆地等地势相对平缓的区域。如昌平区的后牛坊村，大兴区的西里河村，平谷区的山东庄村，密云区的靳各寨

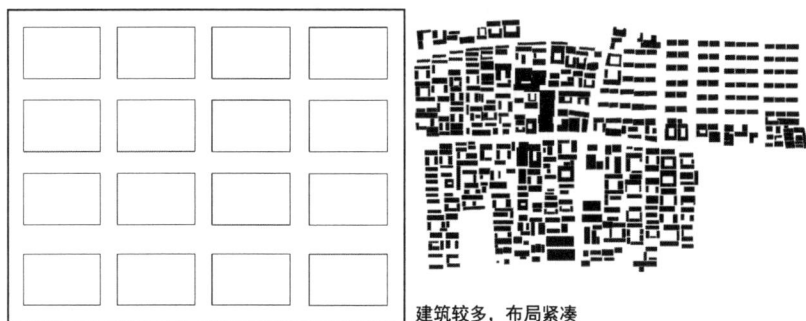

建筑较多，布局紧凑

图4-13　集团式村落空间形态模式图

村，门头沟区的灵水村、琉璃渠村、西胡林村等。

集团式村落形成的自然基础便是平旷的地形和充裕的土地。借助这两个条件，村落逐渐积聚人口，扩大规模，储备丰富的生产、生活资料。可见，只有平原和盆地才具备集团式村落发展的基本条件。北京市的平原面积约占全市总面积的2/5。北京小平原土壤肥沃、气候适宜、灌溉便利，利于人们从事农业生产。因此，北京古村落大多集中在平原地区。随着人口的不断繁衍，地处平原地区的古村落规模不断壮大，逐渐形成人口众多、布局紧凑、街巷规则、平面较为规整的集团式村落。

集团式村落形成的人为因素是传统的宗族观念。我国传统乡村绵延数千年的宗法制度，形成了以血缘为基础的严格的宗族关系网络，并以此构成了聚族而居的组织单元。根深蒂固的宗族观念，使聚族而居成为人们生产生活的基本模式。封建社会历来重农业、轻工商，故我国农村主要是个体小农经济，以一家一户为一个生产单位。土地是农民的命根子。人们在一个地方居住下来，开垦几亩地，爱如性命，必然守家守业；此外，封建的伦理道德观念也有力地维护了这种聚族而居的传统。所谓"父母在，不远游""兄弟析姻亦不远徙，祖宗庐墓，永以为依"等都潜移默化地影响着人们的思想观念。在没有难以抗拒的天灾人祸的情况下，人们是不会轻易迁居他乡的。随着子孙后代的繁衍，虽然会分家立户，但也只是在已有的老宅附近添建新居，增添门户而已，很少有移往外地者。在此背景下，一旦村落形成，哪怕最初只有两三户人家，也能够长期稳定地发展。只要周边有足够的土地，随着人口的不断增多，将不断添建房屋，逐渐形成街巷，规模也会陆续扩大并发展成典型的集团式村落。可见，在集团式村落的形成过程中，宗族观念和聚族而居的传统是其最终形成与发展的关键性影响因素。

以顺义区龙湾屯镇焦庄户村为例，龙湾屯镇域内的村落多集中分布于西南部的大片平原地区，沿着木邵路和山丁路等道路网络建村（图4-14）。焦庄户村始建于明代，原为官宦的庄园用地，有焦、韩两姓家族，其由山西洪洞县迁至此地，作为佃户从事农耕。后因焦姓村民众多，故名为焦家庄户；至民国时期改称焦庄户。该村选址于燕山山前台地，西临金鸡河，村域面积约5.1平方公里。村落布局方正，以南北、东西相交的主要道路为骨架，与纵横街巷交织，形成道路网。几百户规模小巧的三合院、四合院，依路网走向密集排列，组成大小不同的组团，共同构成集团式的村落形态。

八里庄村是延庆中部盆地区域典型的集团式村落，位于延庆镇西北部。该村是明永乐年间为安置山西流民而建的村落，因其距县城八里而

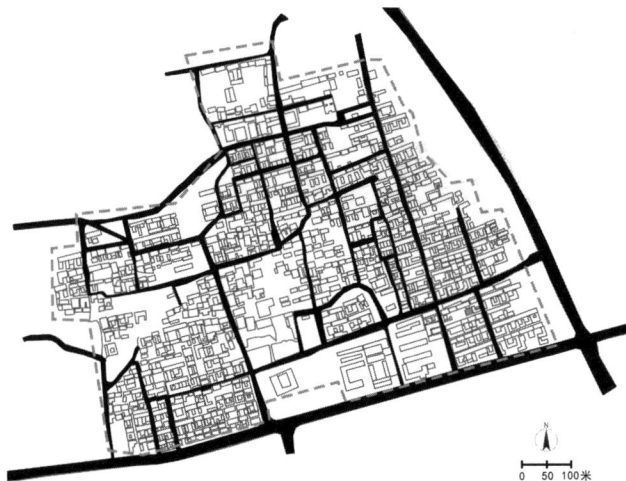

图4-14　顺义区龙湾屯镇焦庄户村空间形态

图4-15　延庆区延庆镇八里庄村空间形态

得名。现有村民近410户、1000余人。建筑从中心区域向南北呈行列式展开、集团式布局（图4-15）。

又如，门头沟区斋堂镇的灵水村，该村前罩抓髻山，后枕莲花山，依山泉而建，水绕村而流，处于群山环抱之中，围合封闭、负阴抱阳、藏风聚气。村中有三条东西走向的山路，分别为前街、中街和后街，与其相交的还有两条南北走向的胡同。中轴线两侧以街巷为骨架，排列有许多规则严整的四合院，形成传统的古村落风貌景观。村落的平面形态颇似龟形，而龟是中国传统文化中的四灵兽之一，即玄武，灵水的"灵"字便来源于此（图4-16）。

与灵水村相邻的门头沟区斋堂镇西胡林村，北临清水河，南靠蜿蜒曲折的胡林谷，地处平坦的河谷地带，形成较为集中的组团布局。西胡林村共有10条主要街巷，1条对外交通道路——京西古道西胡林段，9条内部传统街巷——当铺巷、庙街、下道、下店路、库道、前街、上街、井底巷、碾坊坡。其中，当铺巷是西胡林村的主要商贸街巷。街道保存状况良好，由大小不等的石板或山石铺设而成（图4-17）。

图4-16　门头沟区斋堂镇灵水村空间形态

图4-17　门头沟区斋堂镇西胡林村空间形态

4.3.2 曲带式村落：线性展开

这类村落的形态呈带形展开，一般沿河流、地势或主要道路等顺势延伸或环绕成带（图4-18）。在村落布局中，以直线或曲线形的主路作为村落空间构成的主轴，贯穿整个村落。在北京郊区古村落中，此类村落主要分布在永定河、潮白河、温榆河沿岸，京郊古道沿线，以及山区用地狭小的区域等。如房山区水峪村、柳林水村，昌平区的漆园村，门头沟区的三家店村、碣石村、雁翅村、张家庄村、马栏村，延庆区的岔道村、三堡村、大石窑村、小张家口村等。曲带式村落的形成主要有两个原因：一是受地形的影响；二是受道路或水系的影响。

北京西北为山区，很多古村落建于深山之中。山区建村，多随地形变化而因地制宜地修建。其中，在山谷中建村，通常主要的道路会随着地形走势，平行于等高线设置；次要道路会采取垂直或斜交于主要道路的方式布置，主次结合，构建一套融于地形环境的道路系统。村内的建筑会顺沿道路走向而建或依山而建，最终沿主要道路形成曲带式村落。

例如，房山区南窖乡的水峪村就是一处典型的曲带式村落。该村位于北京市西南80公里处的深山之中。全村沿一条西北、东南走向的沟岩分布，地势为西北高、东南低，具有良好的自然生态环境。一条呈S形的青石古道贯穿全村，成为村内最主要的道路。同时，村内房屋、院落与道路紧邻，并沿道路伸展，依地形高低灵活布置（图4-19）。目前，该村尚有近600间、100余套保存较为完整的明清时期的山地四合院民居，坐落于该村东面的缓坡之上。

位于昌平区流村镇的漆园村则是另一处典型的曲带式村落。它距离昌平城区25公里，村落形成于明永乐年间。漆园村东、南、西三面环山，南高北低，一条南北向道路贯穿全村。村落沿道路两侧呈带状分

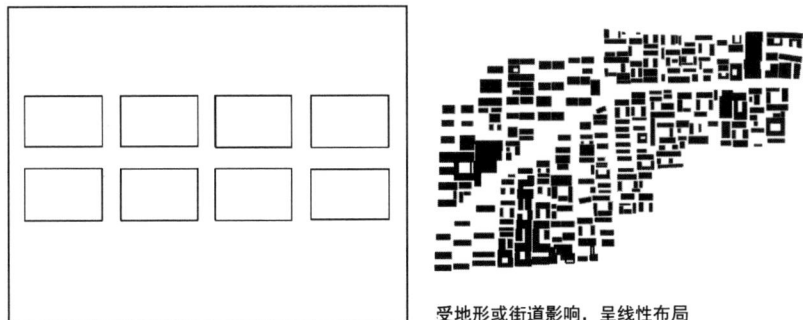

受地形或街道影响，呈线性布局

图4-18 曲带式村落空间形态模式图

图4-19 房山区南窖乡水峪村空间形态

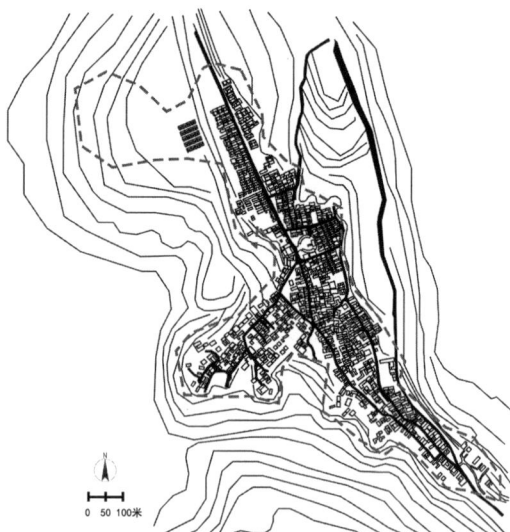

图4-20 昌平区流村镇漆园村空间形态

布。村内主要道路向北与雁南公路相连，是村落对外联系的通道；向南则连接南部山区，为尽端式道路（图4-20）。

影响和决定曲带式村落形成的另一个因素是道路或水系。在深山中建村，除需考虑交通的可达性之外，水作为人类生存的基本条件，也是建村必不可少的因素。在北京郊区古村落中，有部分曲带式村落就是沿道路或水系分布的。有河流水系流经的山区，只要拥有较为平缓的地势，土壤肥沃，就能为村民提供必要的生存环境，村落也就可以进行生产活动。初期，村落一般会选址在背山面水的向阳坡地，之后，陆续沿水系一侧或两侧呈带状展开。例如，延庆区的霹破石村、小川村，房山区柳林水村，门头沟区张家庄村，密云区古北口村（图4-21）。以位于房山区史家营乡的柳林水村为例，全村南北长300米，东西宽1000米，整体呈北高南低的态势。村后有后岭头作为依靠，前有大石河支流流经，村落沿河谷呈曲带式布局（图4-22）。

例如，位于门头沟区斋堂镇的马栏村，地处太行山余脉，群山环抱，选址具有典型的背后有山可靠，面前有水环绕的有利格局。同时，马栏村位于马栏沟山谷北侧的缓坡之上，南部山脉舒展开阔。村落顺应山势而建。以龙王庙为中心，由于建设用地有限，整体沿陡坎修建的主街呈带状展开，体现着北方山区古村落的格局特色。此外，村西还有一条水街，民居结合水势和地形特点进行布置，在北方古村落中较为少见，是马栏村独有的村落形态。

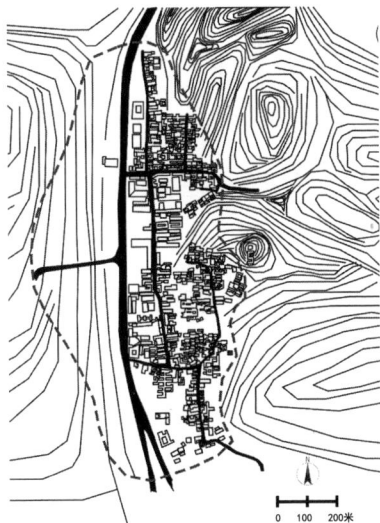

图4-21 密云区古北口镇古北口村空间形态　　图4-22 房山区史家营乡柳林水村空间形态

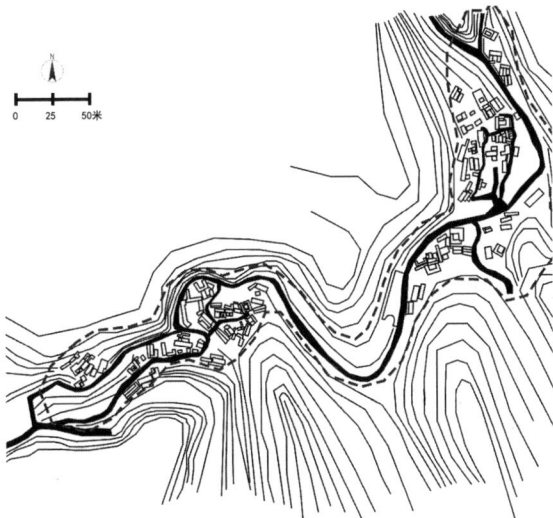

　　村内建筑依山势而建，南部沿着贯穿村落的沟峪支流走向，北部基本沿山脉的等高线，高低错落，形成丰富的空间层次。历史街巷利用山地本身的层次性和立体性，与山脉浑然一体，自由发展。依地形起伏，街巷空间层次也随之丰富，是一种从"四向"（东、西、南、北）转变为"五向"（东、西、南、北及纵向）的空间形态（图4-23）。

　　在北京郊区，还有一类因移民等原因形成的曲带式村落，如前文提及的今大兴区凤河两岸的古村落，这些村落大多是在明永乐年间形成的移民村（图4-24）。凤河是辽金时代的卢沟河故道。由于河道淤积，河床增高，至元代卢沟河（时称浑河）南徙之后，这里反而成为高燥的荒沙地，属于采魏里。明代上林苑所属的蕃育署设置于此。蕃育署职掌养鹅、养鸭、养鸡，以供皇室所需的禽蛋。按照尹钧科先生的研究，这些移民村的形成均源于皇室对蔬菜和牲畜的需要，由此在凤河两岸的荒沙地形成了古村落。据统计，当时共设有58个营（即58个新村落），设置时，这些村落已各具规模，但并不相连，而是随着后来的发展逐渐连接成带的。

　　再如，位于平谷区刘家店镇的北吉山村村落带。该村形成于元代以前，丫髻山由"旧有碧霞元君祠三间"逐渐形成了一个建筑群。该村北靠洛娃森林公园，东临寅北路，北接北店村，南抵前吉山村。沿寅北路向南北方向延展，与其北部的北店村和南部的前吉山村相连接，共同形成顺着山谷蔓延的村落带（图4-25）。

图4-23 门头沟区斋堂镇马栏村空间形态

图4-24 大兴区采育镇凤河营村空间形态

图4-25 平谷区刘家店镇北吉山村空间形态

4.3.3　放射式村落：点轴联动

　　放射村落即以一点为中心，沿道路、水系或地形向四周延伸形成的村落形态（图4-26）。这种村落形态在位于山脊地形或处于山地、平原交接处的村落中较为常见，主要分布于北京的门头沟区、延庆区等地。放射式村落的形成主要受自然地形、地貌的影响。少数古村落在建村初期，受地形、水系以及道路的影响，村落沿着水系或道路发展，逐步形成以中心公共空间等为核心的星形平面，经过不断发展扩张，整体呈团块状平面。

　　以延庆区大榆树镇的大泥河村为例，该村形成于明代，是明永乐十二年（1414年）为安置山西流民所建。该村处于山地和平原的交接处，受到山体、河流等多重因素的影响，主要道路以一个道路节点为中心向四周放射，最终形成放射式的村落形态（图4-27）。

　　又如，门头沟区苇子水村，村庄背靠山峰，因山峰分为九脊，远观酷似九龙，故村民称其为"九龙"。九龙之头深入低谷，灵泉河酷似金盆，恰似九龙前来畅饮灵泉之水，故村中有"九龙戏金盆"之说。村中有八条沟域，称为"八岔"，又称"九龙八岔"。

　　苇子水村顺山势而建，以灵泉河道为骨架，以东西向辅路为分支，沿着灵泉河沟向两侧呈放射状发展，形成鱼骨状布局。受山地自然条件的限制，合院沿山脊方向延伸，院落依山而建，沿坡地错落分布。村中小桥流水贯穿东西，座座古雅民居分列两旁，还有四棵古槐点缀于街巷之间，为北方少有的沿水街逐渐发展形成的村落。建筑布局以灵泉河道的主街为中心，向两侧延伸至山谷，平行于等高线建造，与周边山势融为一体，呈台地式格局。村落空间的整体尺度、走向延续历史格局，充分体现出北京山区古村落的生产、生活方式（图4-28）。

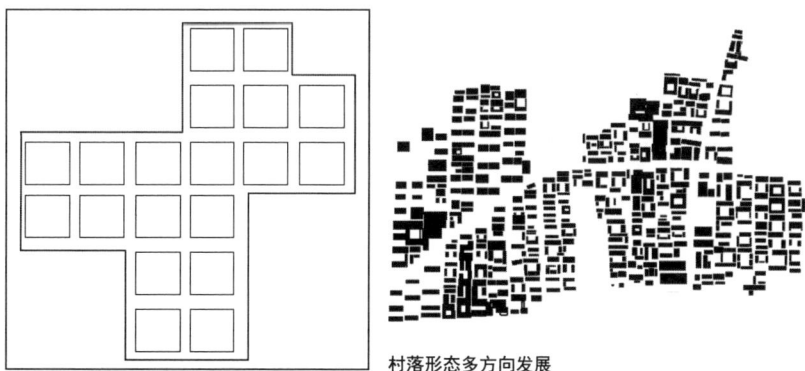

村落形态多方向发展

图4-26　放射式村落空间形态模式图

图4-27　延庆区大榆树镇大泥河村空间形态

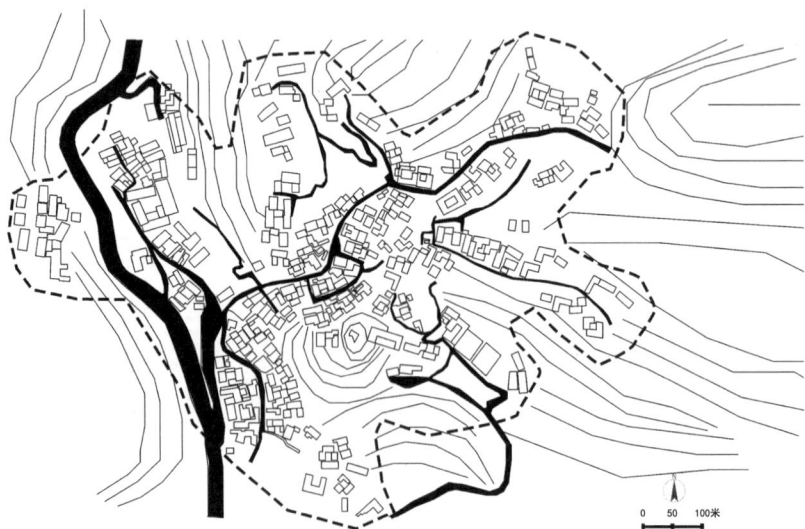

图4-28　门头沟区雁翅镇苇子水村空间形态

4.3.4 自由式村落：灵活分散

受地形和土地资源的限制，北京古村落还有一部分为自由式的空间结构。自由式布局的村落一般来说用地边界不规则，街巷划分不明确，聚落中心不明显，道路曲折迂回，既无成形的街巷，又无像样的道路。民居建筑因地制宜地建造，院落、房屋不拘泥于朝向（图4-29）。此类村落多集中分布于山区、道路旁或沟谷内等地势起伏不定的区域，如门头沟区的西落坡村、东石古岩村，房山区的金鸡台村、寺尚村，延庆区的霹破石村等。

自由式村落形成的原因主要为山区地势崎岖且土地资源相对匮乏（尤其是耕地），居于此处的先人会优先选择易于耕种的土地进行建设，几户人家就把附近可耕种的土地全部占尽，以致后来的人们只得另择他地安家。一座座崇山峻岭限制了人们的视野，一道道深涧峡谷也阻碍了人们的往来。因此，山区古村落不但布局形式自由，而且通常规模不大，几户人家、一二十口人的小山村，不乏其例。

而通过对该类村落建筑的分析可知，与平原地区可随意择地建设不同，山区建房受地形条件限制较大，不但房屋布局相对松散，街巷路网亦难以形成规则式布局。又因其大多沿道路、沟谷走向布局，故而形式上多为自由的带形系统，从而形成与集团式村落完全不同的分散式空间结构。就村落个体而言，房屋布局分散；就地域空间的分布来说，总体集中于山谷之中，如糖葫芦般排列。

以金鸡台村为例，该村位于房山区史家营乡，京南百花山脚下，村址海拔780米，为中山地区。金鸡台村形成于明永乐年间，由山西移民形成村落。村落依山地地势而建，由金鸡台、泡子、东港沟、西港沟、宋家塌、于家塌、底下芦、西岭共8个聚落组成。该村民居建筑沿山体

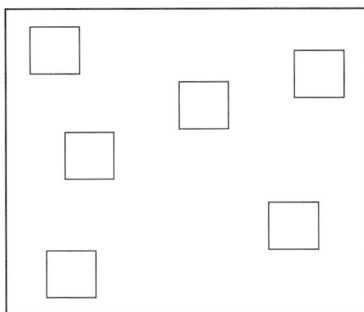

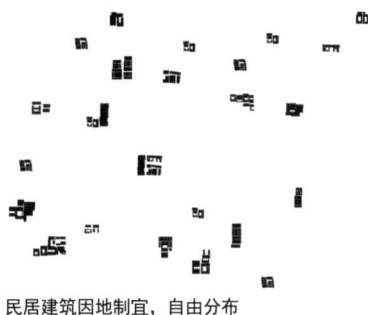

民居建筑因地制宜，自由分布

图4-29 自由式村落空间形态模式图

自由分层建设，中部相对集中；周边根据不同的地形特征，分别形成几个小组团。再如，房山区大安山乡的寺尚村，该村形成于明代，位于房山区的深山中。该村规模较小，呈散点状分布于山谷之中（图4-30）。又如，延庆区大庄科乡的霹破石村，该村形成于明代，地处沟谷台地之上，地势北高南低，整个村落建筑呈分散式布局形态（图4-31）。又或是门头沟区王平镇西落坡村，该村位于镇域东部，形成于明代。西落坡村村域面积为0.11平方公里，规模较小，村落沿山坡呈半圆形、零散分布（图4-32）。

图4-30 房山区史家营乡金鸡台村空间形态

图4-31 延庆区大庄科乡霹破石村空间形态

而门头沟区王平镇的东石古岩村则是京西古道的驿站所在地，村落顺应山势而建。京西古道穿村而过，古道将村落分为南北两部分，被称为"南院""北院"。古道南侧设置泄洪沟，古道两侧山势险峻，村落沿主街呈带状展开，体现出北方山区古村落的格局特色。整体街巷由一条主街串联各个巷道，历史街巷利用山地本身的层次性和立体性，与之融为一体，自由发展。随地形的高低起伏，街巷空间层次也随之丰富，路面多以砾石铺砌。老建筑群主要分布在村内的古道两旁，以院落为单元，相互嵌套、连接。院落以一进的三合院为主，四合院较少（图4-33）。

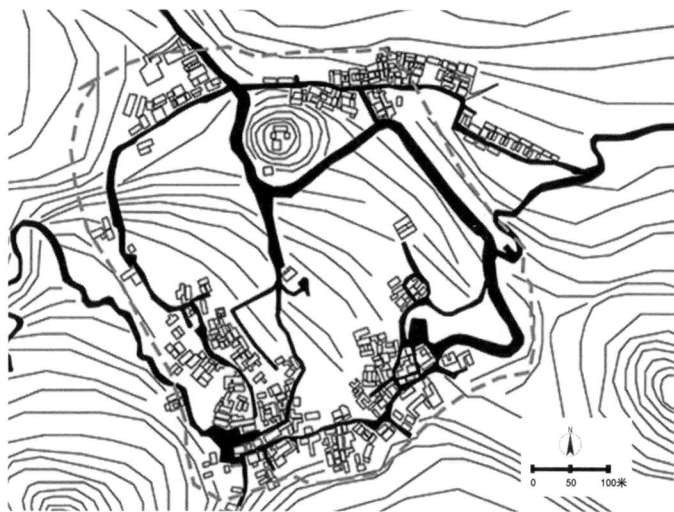

图4-32　门头沟区王平镇西落坡村空间形态

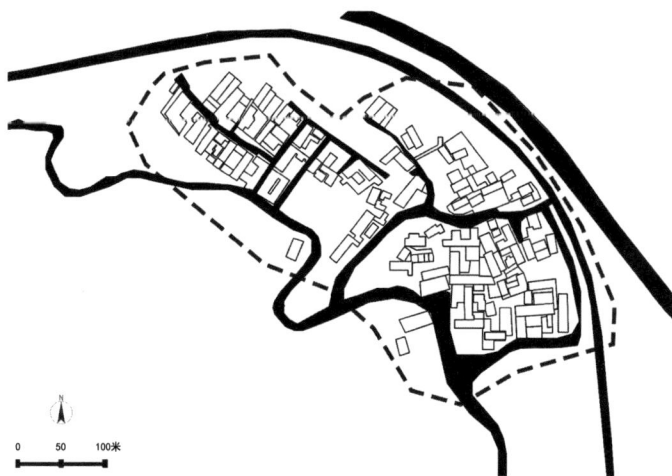

图4-33　门头沟区王平镇东石古岩村空间形态

4.3.5　城堡式村落：集中封闭

　　城堡式村落是指基于防御的需要，设有城墙、城门的古村落，是北京郊区一种特殊的村落形态类型。城堡式村落由统一规划而来，在具有防御能力的城墙内，其建筑格局大多整齐划一，且平面形式多为矩形。但同时也注重与地形、地势的融合，故也有村落具有自由式的组织结构（图4-34）。此类村落主要分布在长城沿线，包括密云、延庆、怀柔、门头沟、昌平等区。

　　城堡式村落类型主要是基于防御功能上的考量。其中，位于长城沿线的城堡式村落大多依托长城，由长城的防御体系演化而来；而位于延庆区的部分城堡式村落，则是出于自身防御功能的需要而建设的。目前，在密云区、延庆区、门头沟区的长城沿线仍然保留着大量由长城防御体系演化而来的村落。例如，昌平区的长峪城村，密云区的吉家营村、遥桥峪村，门头沟区的沿河城村，延庆区的岔道村等。

　　北京作为金、元、明、清几朝的帝都，十分重视防卫工作，而古代的延庆州地处居庸关外，每当蒙古军队南进，烧杀抢掠时，延庆州往往首当其冲。因此，古代的延庆州为了防卫起见，州域内的许多村落都修筑有或土或石的城垣，有的至今可见。如双营、榆林堡等古村落，仍具有比较完整的高大土城垣。同时，古代延庆州又是巡边和长城内外经济交流的咽喉要道，很多村落的雏形便是古代驿站或重要关卡。基于上述原因，明代延庆州内被称作"堡"的村庄很多，现存此类古村落包括榆林堡、靳家堡、晏家堡、丁家堡、辛家堡、苗家堡、郭家堡、米家堡、唐家堡、张伍堡、刘斌堡、辛庄堡等。

　　延庆地区"自秦汉后屡有州、县建制"，但由于屡遭匈奴滋扰和蒙古铁蹄侵犯，烧杀掳掠，村落时废时兴，人口历经六次流徙。因其重要

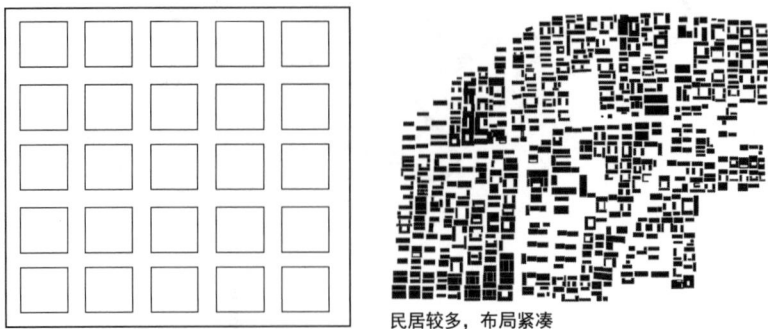

民居较多，布局紧凑

图4-34　城堡式村落空间形态模式图

的军事战略意义和守边戍边的特殊历史使命，在漫长历史时期的大部分时间里，经历着社会动荡、战火、灾祸连年等不稳定因素的侵扰，导致居民背井离乡、避灾逃难、家破人亡。直至明朝以后，国家建立了强大的军事力量，在长城防御系统的庇护下，延庆地区的农业生产力才得以稳定发展。借由当地居民的聚居行为，不但新增了大批村落，而且既有村落也得以焕然一新，快速发展。明朝初年设隆庆卫（1567年改为延庆卫），后明成祖朱棣于1421年迁都北京，"天子戍边"为延庆地区带来了大量的秦淮兵士以及中原文化。明王朝重视屯政，戍边军民在此守卫屯垦，并成为定居于延庆地区的早期居民。明王朝为充实因战乱而致人烟稀少的北平地区，又多次从山西等地迁入大量流民和贬谪官吏，来恢复生产、抵御外敌。清初京郊的"圈地运动"导致延庆平原地区的许多村落被八旗圈占，村民被迫逃往深山，此时又涌现出了大批因自然聚集形成的山地村落。

位于延怀盆地内广大平原地区或山前冲积平原的古村落，土地丰饶，自明清时期起便开始屯田耕种。但散布于长城内外的古村落，则经年累月处于外敌侵扰的忧患状态，没有山水作为天然屏障，故而筑城堡以抵御其他民族或绿林强盗的入侵是十分必要的，此类古村落属于外围防御性聚落。延庆地区多数平原村落沿袭了北方平原村落的封闭式堡寨布局，并将其与屯田守卫和流民安置的村落规划结合起来。我国的传统农耕村落形式自奴隶制时期起就受到井田制和乡里制度的影响，在《礼记·王制第五》中，就曾提到"凡居民，量地以制邑，度地以居民，地邑民居，必参相得也。"[①]由于居民户数、各户占地面积与田地规划分息息相关，最终形成了类似划分农田的方正的"邑"，在其周围用高高的夯土墙或砖墙围合，而形成原始村堡。村堡继续发展，出现了中心城堡（如延庆旧城、永宁旧城等），并最终发展为城市。可见，中国古代城市的方格网布局与传统村落的编户制度颇有渊源。

双营村、榆林堡村、柳沟村、延庆旧城和永宁旧城现在仍有或完整或残缺的城墙遗址。其平面布局多为方形（如双营村、柳沟村、西五里营村、永宁旧城）或凸字形（如榆林堡村）平面，堡寨内部如田地般划分成整齐的方格网。但村落的营建又受到自然条件的限制，因此并不拘泥于完美的构图形式，如延庆旧城的南侧城墙，就是顺着妫水河蜿蜒而建的（图4-35）。

---

① 胡平生，张萌译注. 礼记：中华经典名著全本全注全译丛书 [M]. 北京：中华书局，2017：265.

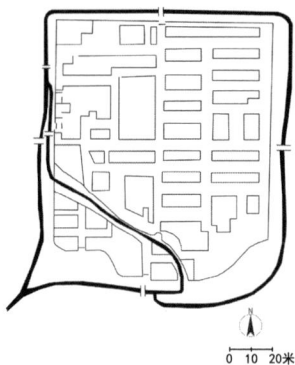

图4-35 延庆旧城平面图   图4-36 双营古城的方形营建模式

再以双营古城为例，其村落总平面呈长方形，仅东西两侧有城门。主要道路穿过古城中心，基本呈对称式格局（图4-36）。榆林堡村为凸字形平面，东、西、南、北共有四座城门（位置已无法确认，图为作者依实地考察推测绘制），内部道路基本呈双十字形，民居为行列式布局（见图6-35）。延庆平原地区的堡寨式村落体现了北方边防文化下外围防御封闭、内部采用井田制划分的布局特征。

另一个实例为岔道城，该城原为明嘉靖三十年（1551年）修筑的兵营，自修建以来，已有470余年的历史。古村内处处可见明清两朝的遗迹。因为地势险要，这里成为历代交通要塞、军事要冲。而随着国家大一统的形成，岔道城的军事防御功能逐渐消失，演变为生活生产型村落。村落依山势而建，呈带状分布，沿沟谷向东西方向延伸，东西长约1200米，南北宽约510米。整个村落分为三个部分：岔道东关、岔道古城、岔道西关。村落整体东高西低，依地势起伏而建，现北侧紧邻八达岭国家森林公园南麓。其中，岔道古城保存完好，整个古城呈不规则长方形，中间略鼓，两端收缩，北部古城的城墙依山势而建。古城东西长约510米、南北宽约185米。村落内传统建筑基本以合院为单位，沿主要街道两侧排布。岔道古城和岔道东关的村落肌理保留得较为完整；岔道西关由于后期开发建设的需要，部分院落被拆除，故在一定程度上影响了原有村落肌理的完整性（图4-37）。

又如密云区古北口镇河西村，村落地处浅山丘陵地带，潮河从村域东部和南部穿过。整个村落由兵营演变而来，格局规整、依山而建、背山面水。总平面布局以提督府、游击衙门、参将衙门为中心，建筑沿主要街道展开；构成"三街四巷"的街巷格局及有机分布的公共空间系统，主要道路有东西向的前街、后街、潮火路，南北向的大胡同、仓房胡同、西箭道、上胡同和后沟路，道路宽度一般为3～7米。前街和后街贯穿村落东西，潮火路向东延伸，跨越潮河，连接京沈公路，四条南北向的胡同衔接前街和后街，呈网格状布局（图4-38）。

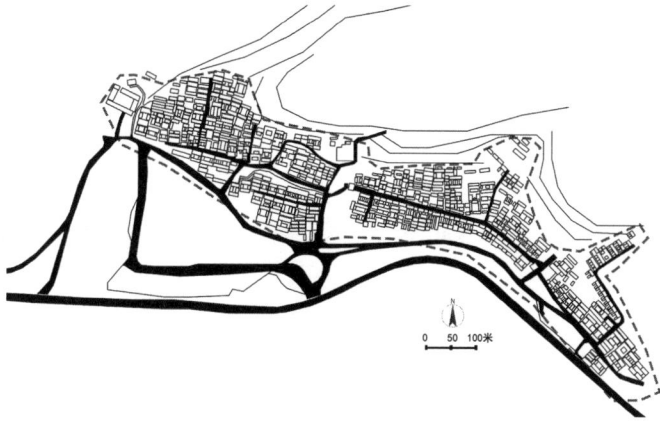

图4-37　延庆区八达岭镇岔道村空间形态

图4-38　密云区古北口镇河西村空间形态

05

北京古村落的
内部空间形态
与特征

通过对北京古村落内部空间的分析可知，北京古村落由于受到不同的生成环境的影响，而具有不同的空间布局、组织形态，及其内部空间形态的模式化表现。从社会学视角探讨北京古村落内部空间的模式化表现，强调其在节点、街巷、院落空间等方面展现出的一般规律与显著特征。

5.1　北京古村落内部空间特色

5.1.1　形态多样，功能复合

从北京古村落的形成过程来看，多数村落最初是由几户人家根据生存需要，自发建设，形成散点状分布的居民点。随着人口增长以及经济水平的提高，村落规模不断扩大，建筑密度随之提高，为了解决村落对内以及对外交通联系的需要，逐步形成街巷。伴随着村落的不断发展、扩大，街巷得以逐渐形成，根据地形及村民生产生活的需要，形成相对完备的道路系统。在村落建设过程中，因受自然及社会因素的制约，同时也为满足不同时期村民的实际需要，村落内部呈现出规制不同、大小不一的空间形态。

功能复合是村落内部空间的另一个重要特征。首先，村落内的民居宅院作为一个相对独立、自给自足的农业经济单元，往往既是村民的生活空间，也是其进行生产活动的场所。其次，村落的街巷、广场等公共空间亦是如此。例如，街巷除了满足基本的交通需求之外，还是村民之间人际交往、日常活动的主要空间；对于一些规模较大或地理位置较为重要的村落而言，街巷往往也是民间集市和商品交易的主要场所（图5-1）。

5.1.2　自发营建，整体协调

村落建设的一个突出特点是以自建为主。与在城市建设中规划设计先行不同，村落从选址、设计到建造等各个方面均表现出极强的自发性，属于自发建设的模式，"没有建筑师的建筑"便是对村落建设的生动写照。正是基于这个原因，房屋的设计者、建造者和使用者之间可以保持高度的一致，使得村落中各类空间能够很好地满足村民自身的需要，并表现出良好的适宜性。

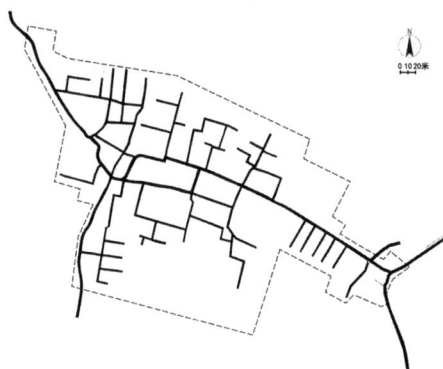

（a）密云区新城子镇吉家营村　　　　　　　　（b）门头沟区斋堂镇灵水村

（c）门头沟区斋堂镇马栏村　　　　　　　　（d）门头沟区斋堂镇沿河城村

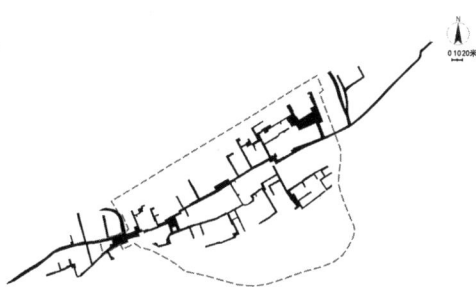

图5-1　村落内部空间示意图

　　村落房屋建造的另一个突出特点是同质现象。在同一个村落中，某种院落布局方式、房屋形式或建造工艺等，一旦得到村民的认可，村民就会基于相同的建造环境和使用目的，争相模仿，建造"原型"，村落的空间形态也就成为对"原型"的不断复制。同时，在同一村落中，每户村民的宅基地条件、功能需求、经济能力、个人喜好等因素又存在差异，这使得各个宅院之间又存在一定的变化，最终形成整体协调统一，局部变化丰富，又不失个性特色的村落空间形态。

5.1.3　层次丰富，主次有序

　　北京古村落的形成是一个由点到面、由简到繁的过程，节点、街巷与院落空间共同构成了村落空间形态的整体系统。它们之间相互依存的同时，又相互独立、自成体系。合院是北京古村落中主要的住宅形式，合院入口、院落环境和建筑内部空间等构成元素展现了我国传统的礼法观念，包括等级分明的正房、厢房空间布局，主次有别的门与堂，以及虚实结合的院落与建筑空间等。而合院的布局结构则是"藏风聚气"等传统风水学理论在建筑中的具体表现，由合院入口到院落，再到房屋，构成了由开敞到封闭、由公共到私密的空间序列。

街巷空间作为村落的骨架，承担着对外联系、交往活动以及商品交易等主要功能，是村落整体空间的重要组成部分。北京古村落的街巷空间按照功能和尺度，主要分为主街和次街两级；部分规模较大的村落，除主街和次街外，还有第三级道路，即巷道。从空间层面来看，街巷的尺度和整体空间序列的发展是逐步形成的，由主街—次街—巷道—入户巷道构成的路网在空间等级上是由主到次的关系。而这种从单一空间到复合空间，再到整体空间的机制转化，生动地体现出人的行为对空间序列变化的影响与作用。

从村落整体的层面来看，村落空间由核心区、填充区及边缘区构成。核心区即为传统风貌聚集区，与城市中心区相比，其在功能、形式等各个方面不甚复杂，多由文物保护单位、历史建筑、传统建筑等传统风貌要素组成，往往是村落的象征或代表；填充区在村落中占地面积最大，主要以生活性的街巷、院落为主；边缘区则是村落周边的自然环境，多由山、水、林、田等要素组成。三种区域呈现出丰富的序列关系：核心区是村落空间结构中最为稳定的区域，边缘区则处于持续变化的状态，而填充区则是两者之间的联系媒介。三种区域的融合是古村落空间系统动态发展的保证。

5.2 北京古村落节点空间特征

北京古村落的节点空间主要包括村落入口空间、街巷节点空间以及广场空间。作为交通线路上的特殊区域，节点空间不仅控制着整个村落内部空间结构的组织秩序，还对居住者的聚居行为产生影响。因此，在选址、建设方面，节点空间一般都需要经过规划设计。

5.2.1 村落入口空间的识别性

古村落的入口空间在心理学上具有多方面的意义，标明了领域的界限，反映了领域的特性，具有明显的象征意义，并给人以强烈的感官刺

激，这些特质使得入口空间成为识别整个村落环境的标志物。由于村落
选址和类型的不同，北京古村落往往具有不同形式的村落入口空间，大
致可划分为以广场为先导的入口空间和以建筑为标识的入口空间。

1．以广场为先导的入口空间

北京古村落的入口常常采用不同形式的广场作为前导性空间，并结
合照壁、古树等要素，共同构成公共活动场所。村落入口空间多与其
主街直接相通，从而具有了一定的村民交往、集散及商品交易的功能
（表5-1）。

2．以建筑为标识的入口空间

密云区、延庆区、昌区平和门头沟区等地的古村落，出于安全防
御的需要，往往在村口处设置过街楼或城门等建筑物，这成为村落入
口的重要标识。由于此类建筑尺度较大、体形高耸，且建筑形制较为
特殊，因此往往具有更为显著的标志性与引导作用。兼具门楼功能的
各类建筑，因与城内主街相通，遂成为联系村落内外空间的重要节点
（表5-2）。

以广场作为村落入口的前导性空间　　　　　　　　　　　　表5-1

名称	类型	村落总平面图	村落入口平面图
门头沟区雁翅镇碣石村	交往性入口空间		
门头沟区斋堂镇灵水村	集散性、交往性入口空间		

名称	城门	简介
密云区太师屯镇令公村		城门进深7.3米，底部有四层条石，券门为四券四伏，原残存二券二伏，另二券二伏和门的底部以及条石以上，均为现代红砖补砌
门头沟区斋堂镇沿河城村		沿河城村的城门之上有城门楼，因年深日久，门楼建筑皆已坍塌；东西城门分别为"万安门"和"永胜门"；因沿河城村是依南山而建，故南北城门皆为水门
密云区新城子镇吉家营村		吉家营村的城堡在东西两个方向开设城门，此二门是对外联系仅有的通道；东西城门分别为"镇远门"和"吉家营门"；东西两个城门并非相对，而是错开一条街道，主要是考虑到内部人员的安全问题
昌平区流村镇长峪城村		长峪城村建于明万历元年（1573年），该村只设一门，即东门；东门外建瓮城一座，设南门，瓮城面积很小，约为百十平方米

5.2.2 街巷节点空间的多样性

街巷节点空间主要由街巷端点、交叉路口，以及各种因局部凹凸变化而形成的节点区域组成。这些街巷节点多因所在地形局部放大，或临街建筑后退道路红线建造而形成。根据街巷等级的不同，所形成的街巷节点空间也存在相应的等级差别。由于村落内部公共活动空间较少，故在很多村落中，街巷交叉路口往往是村落中重要的节点空间，有的甚至成为村落的几何中心，以及村民心理情感上的标志性场所（图5-2、图5-3）。总而言之，北京古村落街巷节点空间，因形成原因的不同，其平面形式多呈十字形、T字形以及Y字形三种类型。

除满足基本的交通功能以外，街巷节点空间往往还兼具吸引人流、促进村民社交和开展各种活动的作用，特别是十字形和T字形交叉路口的街巷节点，更是人们驻足交谈最为频繁的区域。

1. 十字形交叉路口

十字形交叉路口的街巷节点，在平原地区的古村落中十分常见，其优势是能够在最大程度上保证交通的便利性与视线的通达性；而山区古村落的内部交通组织往往在十字形交叉路口的基础上，结合地形条件进行错位处理，在空间结构上呈现为倾斜的街巷交叉节点（图5-4）。

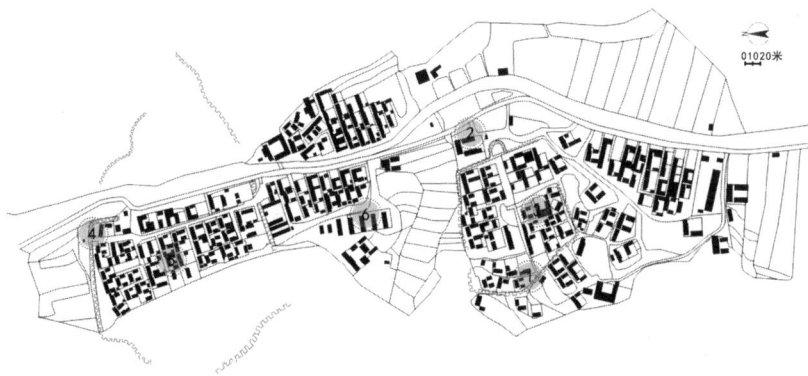

图5-2 昌平区流村镇长峪城村主要节点空间平面图

图5-3 昌平区流村镇长峪城村主要街巷节点空间

2. T字形交叉路口

T字形交叉路口一般是次要道路与主干道交接处采用的节点形式，往往表现为一条主干道与多条次要道路的连接。由于这种类型的街巷节点空间场所感较强，且交通十分便利，其临街两侧也是人们驻足交谈的主要场所（图5-5）。

3. Y字形交叉路口

Y字形交叉路口一般出现在山区古村落中，通常由不同走向的各级街巷相互连接而成。此外，由于存在高差变化，该类节点空间往往在多个水平面上出现不同方向的阶梯，空间层次较为丰富（图5-6）。

5.2.3 广场空间的生活性

受我国传统文化的影响，老百姓的日常活动相对单一，因此在我国古代，无论是城市还是乡村，专门用于公共活动的广场很少，北京地区

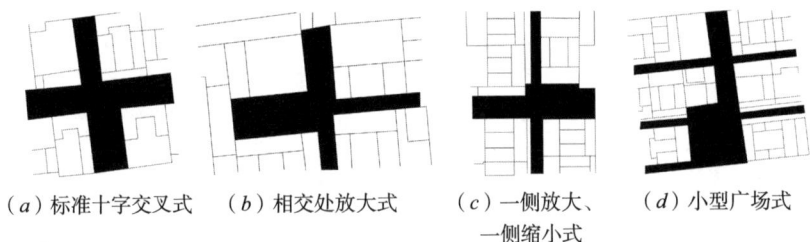

（a）标准十字交叉式　　（b）相交处放大式　　（c）一侧放大、　　（d）小型广场式
一侧缩小式

图5-4　十字形交叉路口平面示意图

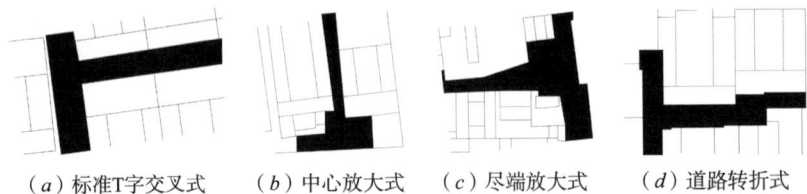

（a）标准T字交叉式　　（b）中心放大式　　（c）尽端放大式　　（d）道路转折式

图5-5　T字形交叉路口平面示意图

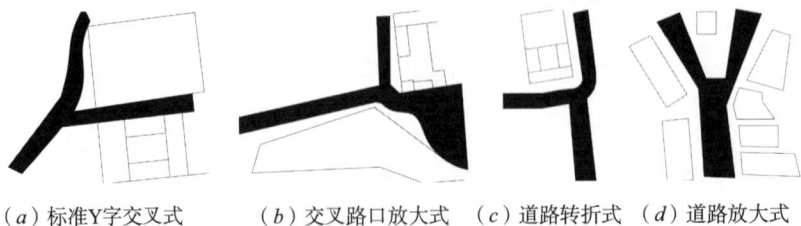

（a）标准Y字交叉式　　（b）交叉路口放大式　　（c）道路转折式　（d）道路放大式

图5-6　Y字形交叉路口平面示意图

的古村落亦是如此。因此，在古村落中兼具广场功能、面积相对较大的节点及街巷空间等值得深入探讨。总体而言，北京古村落中的广场空间主要包括如下两种。

1．集市广场空间

中国民间的集市，不仅是商品交易的场所，也是村民休闲娱乐的主要场地；同时，还是人们交流和获取信息的重要场所。在北京古村落中，一些规模较大、对外交通条件较好，或在一定区域内影响较大的村落，常常设有进行商品交易的集市。与此相应，逐渐形成了一定的广场空间，定期开展交易活动。此类广场空间，多数结合已有的街巷空间或村庄入口区域，经适当扩大而成，并逐渐发展成人们开展聚集、交流和商贸活动的广场空间。

2．休闲广场空间

在北京部分古村落的宗祠、庙宇等祭祀性建筑之前，往往会设置一个较大的场地，供村民开展日常休闲和交往活动。戏台也是古村落中举行大型集体活动的重要场所，多设置在村中主要街巷旁，与街巷一起构成相对开敞的广场空间。此类空间形态较为规整，除举行社戏等娱乐活动之外，平时多供村民日常休闲使用。此外，在北京古村落中，古井、石碾等构筑物，虽然很多早已失去了其原本的功能，但由此以及古树构成的公共空间仍在发挥作用，依然是村民日常休闲、交往活动的重要场所（图5-7、图5-8）。

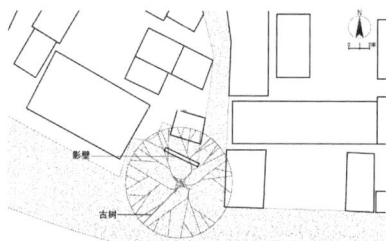

图5-7 爨底下村古树旁广场空间形态

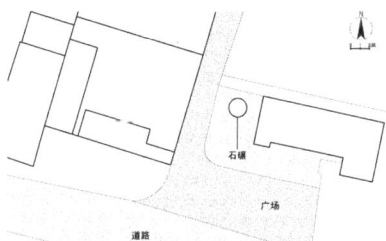

图5-8 令公村石碾旁广场空间形态

5.3 北京古村落街巷空间特征

街巷空间作为村落的骨架，承担着对外联系、交往活动以及商品交易等功能，是村落整体空间的重要组成部分。北京古村落街巷空间的特征丰富多样，呈现出鲜明的地域特色，并主要体现在组织结构，形态构成要素，以及空间形态的属性、尺度和比例等方面。

5.3.1 街巷空间组织结构的灵活性与层次性

1. 街巷空间的平面形态

北京古村落街巷平面形态丰富多变。山地古村落街巷空间的平面形式呈现出相对自由、灵活、多变的特征；而平原地区古村落的街巷空间，因受地形限制较少，多为直线形、封闭式布置。总之，北京古村落街巷空间的平面形态主要包括网状、树枝状与放射状三种形式。

（1）网状街巷

在传统规划思想的影响下，古村落街巷空间布局的理想模式是网状结构，但由于受到地形及周边环境条件的制约，网状街巷空间布局的村落主要分布在平原地区及地势较为平缓的山区。其地势平缓、开阔，有利于耕种、居住和对外联系，同时也有利于村落的发展壮大。网状街巷通常由几条街道构成村落主街，然后从主街上衍生出许多背向生长的小街小巷。小街小巷有的彼此连通，成为次要道路；有的呈尽端式，成为入户巷道。一般规模较大的古村落街巷空间的平面形态多为网状结构，如顺义区龙湾屯镇焦庄户村，村落布局规整，以东西、南北相交的主要道路为骨架，与纵横巷道交织，形成网状道路系统；门头沟区清水镇燕家台村，其村落选址于相对平坦开阔的地带，村中道路以东西向为主，路网整齐，体现出清晰的主街—次街—巷道—入户巷道的序列关系（图5-9）。

（2）树枝状街巷

受地形条件的制约，山地古村落的街巷空间多沿一条或两条主要街道发展，其他次要街巷都与主街相连，呈树枝状发展。由此形成的街巷空间层次分明、脉络清晰、布局灵活，有效地规避了地理条件的不利影响，遂成为北京地区山地古村落最常见的街巷布局形式。在规模较小的古村落中，简易式的树枝状街巷是指一条主街与多条次街的组织关系；在规模较大的古村落中，除了呈树枝状的主街之外，其他衍生于主街的次要街巷也会形成环状格局，并有一条或多条次街与主街平

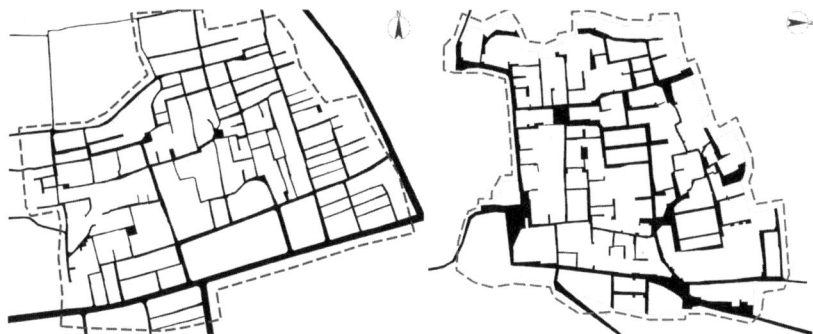

（a）焦庄户村街巷平面图　　　　　（b）燕家台村街巷平面图

图5-9　网状街巷平面图

行，最终形成主次分明的街巷空间格局。例如，门头沟区斋堂镇黄岭西村，在主街的西侧，用地较为平整，形成了一条与主街平行的次街，主次道路之间有多条巷道相连，最终形成了局部循环式的道路交通体系（图5-10）。

（3）放射状街巷

古村落内部的交叉路口处多形成公共空间，路网以此为中心，沿地形走势和环境要素呈放射状布局。以延庆区大庄科乡霹破石村为例，村子在西、南两侧有河流环绕，北侧与山体相依，主要道路沿河展开，进村道路从北侧山间延伸出来，与村内道路相接，然后围绕村落中心龙王庙的院落，形成放射状路网结构（图5-11）。又如延庆区大榆树镇大泥河村，村前西南为大泥河，东南为凤凰山。受地理环境要素的影响，道路分别沿河流、山谷展开。除局部地势平坦处为网格状路网外，其余主要道路皆呈放射状结构（图5-12）。

（a）长峪城村街巷平面图　　　　　（b）黄岭西村街巷平面图

图5-10　树枝状街巷平面图

图5-11 霹破石村街巷平面图　　　　图5-12 大泥河村街巷平面图

2．街巷空间的分级与特征

（1）主街

街巷空间作为古村落的骨架，主街是其中的脊梁。对外，主街是村民与外界沟通交流的桥梁；对内，主街是村民日常生活的场所，也是古村落风貌特色的重要组成部分。根据古村落所处的区域不同，主街的布局、功能及其空间尺度等也各有特色。例如，平原地区古村落的街巷空间多呈规则的网状布局，主街相对平直，以保证良好的可通达性；而山地古村落，则因受到地理条件的影响，其主街与巷道之间以及巷道与巷道之间的组织结构相对自由，具有不规则性。由此可见，山地古村落内部街巷空间的不规则性，使得主街成为连接村落内外的主要通道，故通常发挥着更为重要的交通功能（表5-3）。

主街空间形态分析图　　　　　　　　　　　　表5-3

古村落名称	主街空间剖面示意图	主街实景	概述
灵水村			空间形态自由，随地形山势而变，在高差变化处布置有台阶和坡道，空间的趣味性较强
沿河城村			空间形态规整，平直分布，行走方便，具有较好的视线可通达性

（2）次街

作为连接主街与院落的主要通道，次街通常与主街相垂直，并结合地形进一步演化。与城市内的次要道路不同，古村落内部的次街一般尺度更小，仅能容1～2人并肩通行。正因为其相对狭小的空间尺度，其疏散功能明显不及其沟通交往的使用功能（表5-4）。

（3）巷道

巷道作为村民进入自家宅院的必经之路，是联系次街与院落的重要通路，其空间尺度狭小、形态各异。除满足日常交通的需求外，因古时战火频仍、盗寇滋生等不安定因素的存在，巷道也成为村民躲避战乱、抵御外敌的重要防御空间，如迷宫般分布在村落建成区的各个角落，错综复杂而又富有空间韵味。如爨底下村修建的巷道，随地形起伏，曲折多变，是由宅院空间进入主、次街巷的重要通路。在发生外敌突袭时，村民可经此路径迅速转移至安全地带（表5-5）。

5.3.2 街巷空间形态构成要素的整体性

街巷空间要素包括临街建、构筑物的垂直界面、底界面（地面）和顶界面（天际线）。其中，底界面在确定街巷空间平面尺度的基础上，凭借各组成要素所具备的不同功能与材质特性，赋予街巷空间某种地域

次街空间形态分析图   表5-4

古村落名称	次街空间剖面示意图	次街实景	概述
灵水村	2700 / 3000 / 2500		空间尺度宜人，可拾级而上，是日常交往的重要场所
碣石村	3600 / 1800 / 2600		街巷一侧为院墙，一侧为建筑，封闭感较强

古村落名称	巷道空间剖面示意图	巷道实景	概述
爨底下村			巷道空间尺度狭小，曲折多变，导向性强，连接院落进出口
令公村			巷道两侧的建筑元素以院墙和建筑山墙居多，空间狭窄

景观、场所精神以及使用功能。垂直界面不但限定了街巷空间的竖向尺度，而且同样借由其具有艺术风格的场景的烘托，暗示出街巷空间的使用功能。而顶界面则在场所氛围感的塑造方面发挥着重要的作用。三种构成元素的组织关系，从整体上形成了街巷空间基本的尺度感和围合感。

1. 底界面

街巷空间的底界面是指街巷路面及其附属场地。作为承载人们交流活动的基本界面元素，底界面的内容主要包括材质、色彩与起伏变化。例如，硬质铺装与砂石土路，以及鲜亮与淡雅的色彩，其构成的街巷空间会给人们带来不同的视觉感受；高低变化也会给人们带来强烈的感官体验，从而赋予其不同的空间感受。

（1）材料与色彩

北京古村落的街巷形式虽然多样，但街巷地面大多就地取材，采用当地的石材铺砌，由此也使得街巷的空间肌理、色彩、质感等方面都能达到协调统一，有浑然天成之趣，体现出了鲜明的地域特色（图5-13）。部分古村落出于排水的需要，在街巷一侧开挖了宽窄不一的排水渠，串联全村，排水渠上铺设有石板和碎石砌筑的古桥，极大地丰富了街巷空间的底界面。如门头沟区雁翅镇苇子水村的街巷沿山脊方向建设，沿坡

(a) 爨底下村   (b) 双石头村   (c) 黄岭西村

图5-13　街巷底界面的材质

图5-14　苇子水村街巷底界面材质

地错落分布的小桥、流水贯穿东西，就地取材的石板、碎石成为街巷底界面的主要材料（图5-14）。

（2）高低错落

街巷底界面的高低错落主要出现在山区古村落中。因村落依山就势而建，街巷在竖向上出现起伏变化实属正常，这也是山地古村落街巷空间与平原地区古村落的主要不同。底界面的高差变化可以增强街巷的方向性和引导性；同时，街巷的起伏也能够带来不同的空间感受，呈现出不同的街景效果，增强街巷的趣味性。

北京周边山区古村落街巷底界面的高低错落，主要表现为坡道与台阶两种形式。其中坡道主要用于坡度较小的地段，台阶则用在坡度较大的地段。但是为了更好地与地形条件相融合，通常采用两种方式相结合的设计策略，进而赋予其丰富的空间层次。由于北京山地古村落主街的设置往往与等高线一致，因此坡道多出现在两组等高线之间，而台阶则多用于垂直于等高线的次街或高差较大的主街（图5-15）。

（a）双石头村　　　　　（b）爨底下村　　　　　（c）令公村

图5-15　街巷底界面的高低错落

2．垂直界面

垂直界面是古村落街巷空间的主要构成要素，离开了垂直界面，街巷也就失去了存在的依托。古村落中街巷的垂直界面主要包括建筑外墙面、门楼、院墙、城门以及小品设施等，在山地古村落中还包括山体等组成要素。

（1）建筑外墙

街巷两侧的建筑外墙，是街巷空间垂直界面的主要构成要素，其中民居建筑外墙最具特色。受传统营建理念的影响，我国的民居从建筑选址、朝向到建筑材料等都十分讲究。特别是对北京古村落而言，由于受合院建筑形式的影响，在古村落内建设有大量的合院民居，体现出鲜明的地域特色。通过对合院民居建筑立面的解析，可知影响并构成街巷空间的建筑立面主要包括倒座后檐墙、厢房山墙等，在立面造型上呈现出上、中、下三段式划分。尤其是在门头沟区、延庆区、密云区等的山地古村落中，由于地形复杂多变，出于对防洪、防山体滑坡等防灾因素的考虑，建筑在地面之上通常会设有一定高度的墙基，从而丰富了建筑外墙面的造型和街巷空间（图5-16）。

（2）门楼

门楼是街巷垂直界面构成的又一重要因素，也是所有街巷垂直构成要素中形式最丰富和最有艺术价值的一类。作为院落空间的入口，门楼在风水上被称作"气口"，是影响主人吉凶的重要因素。因此，大门的朝向、形式及细部装饰等往往会受到主人的高度重视。加之传统民居建筑的封闭性和内向性，入户门楼也是主人对外展示自身财力和身份地位的唯一途径。街巷中精巧的门楼与大面积实体墙面构成的虚实对比，丰富和美化了街巷空间的景观效果（图5-17）。门楼前的广场空间往往也成为村民在街巷中最主要的交往活动场所。根据民居的建造传统，大门一般应与相邻的厢房平齐或适当后退，从而各家门前会形成一定的阴角空间。在线性的街巷空间中，由门楼所创造出来的阴角空间会给人以强烈的引导性，成为院落内外空间的过渡区域，也是村民社交活动最为频繁的区域（图5-18）。

（a）灵水村　　　　　　　　　　　　（b）榆林堡村

（c）爨底下村　　　　　　　　　　　（d）古家营村

图5-16　由建筑限定的街巷空间

（a）爨底下村　　　　　　（b）燕家台村　　　　　　（c）长峪城村

图5-17　北京古村落中的各式门楼

（a）灵水村　　　　　　（b）燕家台村　　　　　　（a）燕家台村　　　　　　（b）西胡林村

图5-18　北京古村落各式门楼前空间　　　图5-19　院门前形成的交往空间

例如，在门头沟区，现存传统民居建筑的门楼多为如意门形式。如意门一般设在倒座的一侧，占用一个建筑开间。为了炫耀自家的富有，村民们往往不惜重金装饰自家的门楼。门楼一般采用硬山顶、清水脊，墙体磨砖对缝，披檐上的砖雕、石雕和木雕等装饰精美、题材广泛。有的传统民居建筑在门楼一侧的墙上设置门神龛，呈长条形，用青砖砌筑，龛内书写或雕刻门神像。门楼的建造普遍就地取材，建筑墙体以灰砖为主，墙基多用山石砌筑。一般大户人家墙基的石块较大，且墙基较高，以此体现出户主的身份和地位。部分门楼将石材、砖、土坯三种材料混合使用，用石材做墙基，砖做墙裙，最上层使用土坯，在每层之间用砖砌成腰线。有些非常讲究的户主还会采用一砖到顶，磨砖对缝，并采用石雕、木雕、砖雕等对重要部位进行装饰，使门楼的整体比例协调，质朴美观，具有较高的艺术性（图5-19）。

（3）照壁

照壁作为北京古村落中合院式民居入口的重要组成部分，是为了避免作为"气口"的大门导气太冲而设置的墙体。现实中的照壁主要起挡风和遮蔽视线的作用。照壁墙设有装饰，还可形成对景，丰富入口空间的景观效果。通常而言，位于门楼内的照壁称内照壁，门楼外的称外照壁，其中对古村落街巷空间影响较大的是外照壁。由于其位于街巷内，人们在街巷行走时，并非首先看到门楼，而是通过外照壁的引导才可以看到，因此外照壁除了具有挡风、遮蔽视线的作用之外，还可以有效增加街巷空间的层次。在街巷中较窄的区域，外照壁往往无法独立存在，一般会在院门内的厢房山墙上直接砌出小墙帽并做成照壁的形状，由此形成街巷空间的一景（图5-20）。

（4）院墙

院墙也是街巷空间垂直界面的构成要素之一。作为合院式民居的连

（a）爨底下村　　　　　（b）灵水村　　　　　（c）西胡林村

图5-20　古村落中的照壁

接要素，院墙一般与建筑同步建成或略晚，由于其功能相对单一，所以在建筑材料、砌筑工艺等方面也相对简单。北京古村落中的民居院墙大多就地取材，多使用自然石材、砖或素土砌筑。根据户主的社会地位及经济状况的不同，院墙的建造形式和构造做法也存在差异。对于大户人家，院墙往往和建筑本体保持一致，立面上、中、下三段的样式延续着建筑本体的做法；对于多数一般家庭而言，院墙则相对较为简单，仅用当地材料简单砌筑而成（图5-21）。

（5）城门

城门作为北京古村落中较为特殊的一种建筑类型，多出现在城堡式村落中。出于防御功能的需要，城门体量较大、规制较高、位置突出，大多位于村口或街巷的交叉口处，是街巷空间的重要组成部分。根据村落职能和规模的不同，城堡式村落中的城门数量多为一处或两处，如密云区太师屯镇令公村有一处城门，位于村落的主要入口处，是村落传统

图5-21　古村落中的院墙　　　（a）碣石村　　　　　（b）灵水村

|（*a*）桑峪村|（*b*）沿河城村|（*c*）长峪城村|

图5-22　门楼作为街巷垂直界面的重要因素

街巷的起点，城门内外的街巷尺度和比例截然不同，由此限定出不同的空间行为。在古时其作为村民防御外敌的防御工事，现已成为村民日常休憩交往的重要空间。而延庆区八达岭镇岔道村作为长城沿线防御系统的重要一环，其地位显著，现保存有两处城门，分别位于主街的东西两端，限定出街巷的内外关系和空间形态。两座城门遥相呼应，体量高耸，构成了村落街巷的垂直界面。在本书遴选出的85个北京古村落中，城堡式村落共计14个，其中长峪城村、沿河城村、吉家营村、榆林堡村、双营村、令公村等村落的城门保存得较为完整（图5–22）。

（6）挡护墙

挡护墙也是村落街巷空间垂直界面的构成要素。北京古村落中挡护墙的砌筑主要出于两个目的：一是在山地古村落中，村民为了房屋的安全性和抗御自然灾害，随地势砌筑，形成挡土墙；二是为了抵御战乱影响或盗匪的威胁等建造挡护墙。两种类型的挡护墙在门头沟区、延庆区等山地古村落中普遍存在，墙体多由山上的碎石垒砌而成，高低错落，现多已成为丰富街巷景观的重要组成部分。当墙体高度在2米左右时，街巷空间的纵深感得以加强，人的视线被墙体完全遮蔽，墙体本身成为视线的焦点；当墙体在1.5米以下时，街巷空间的纵深感变弱，人的视线愈加开阔，可以越过挡护墙看到远山或村落景观（表5–6）。

3.顶界面

作为北京古村落街巷空间中变化最丰富，且最为自然化的界面单元，古村落中严格意义上的顶界面类型较少。在通常的概念中，顶界面一般指街巷中两个侧界面顶部边线所限定的天际范围。在山地古村落中，顶界面多为山体与天空的分界线，是人们眺望远处的重要街巷景观。如门头沟区斋堂镇爨底下村的街巷，随地势曲折向上，远处的高山成为人们在街巷行走时的引导要素，由此形成了街巷对景。而在平原地

挡护墙高度	挡护墙空间剖面示意图	挡护墙空间现状	
		门头沟区斋堂镇爨底下村	门头沟区斋堂镇柏峪村
2米左右			
1.5米以下			

区的古村落中，街巷空间的顶界面多由高大的乔木树冠和天空组成，其覆盖的街巷空间成为夏季村民乘凉休憩的重要场所。如门头沟区龙泉镇三家店村坐落于平原地区，其街巷空间的顶界面主要由街巷中大型树木所限定出的空间构成，为单调的街巷空间增添了一份趣味（图5-23）。

5.3.3　街巷空间的形态属性、尺度和比例

1．街巷空间形态的属性特征

根据《城市意象》中的解释："主要道路必然具有一些特殊的品质，沿线一些特殊使用功能和活动的聚集、某些典型的空间特征、地面或墙面的特殊质感、特别的布置方式、与众不同的气味或声响，以及植被的样式和细部，这些都能够使它与周围的道路区分开来。"[①]街巷空间作为

---

① 林奇. 城市意象［M］. 方益萍，何晓军，译. 北京：华夏出版社，2001：70.

（a）爨底下村　　　　（b）三家店村　　　　（c）西胡林村

图5-23　街巷空间中的顶界面

古村落各功能结构的组织者，借由不同的合院布局、多样的节点空间以及精美的细部装饰，赋予街巷空间以连续性、限定性和可感知性，最终实现了古村落街巷空间的艺术品质。

（1）连续性

连续性主要体现为街巷空间垂直界面的建筑要素、底界面的地面铺装和顶界面的街巷天际线。要实现街巷空间的连续性，街巷空间各构成要素的组合需要遵循一定的规律，其中统一的建筑形式、材料、色彩以及相同的建筑技艺等，是实现空间连续性的主要途径。北京古村落中典型的合院式民居，从屋顶形式到立面样式，再到细部构造，其材料与色彩等均具有内在的一致性，各种要素重复出现并按照一定的规律进行组合，使街巷空间形成了较好的连续性（图5-24）。

（2）限定性

限定性主要表现为街巷空间对人的出行方式的引导。与城市相比，古村落中的道路大多未经统一规划，而是随着村中建筑的不断增建逐渐形成，在道路形态、尺度等方面也与城市道路存在明显的差异。由于受到地形条件以及传统交通工具的制约，古村落中的街巷形态、格局，均强调以人的尺度为衡量标准，使得步行系统成为街巷空间的基本内容。

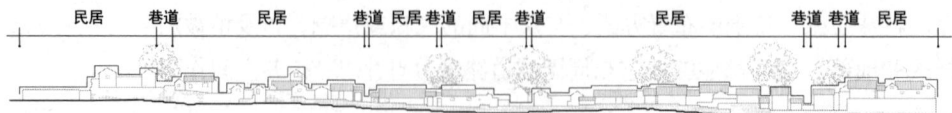

民居　　巷道　　　民居　　　　巷道 民居 巷道 民居 巷道　　　　民居　　　巷道 巷道 民居

图5-24　门头沟区斋堂镇爨底下村主街立面的连续性

图5-25 北京古村落的
街巷尺度
（a）吉家营村主街　　　　　（b）灵水村巷道

反过来，古村落街巷空间的尺度与形态又限制了新型交通工具的使用。在北京地区保存较好的古村落中，一般主街相对较宽，为3～5米，多数可以满足行车要求；次街和巷道则较窄，一般为1.8～2.5米，大多无法通车（图5-25）。

（3）可感知性

北京古村落街巷空间的另一个重要属性是可感知性。当人们置身于古村落街巷中，往往比较容易判断出自身所处的位置，并感受到村落的空间意象。这是因为由建筑、墙体、门楼及地面铺装等构成的街巷空间，尺度宜人，可感知性强。虽然构成要素相对单一，但由构成要素按照一定规律组合形成的街巷节点空间又都有其自身的鲜明特征，一座门楼、一个戏台，或者一棵古树等，都是很好的参照物，可以成为人们判断自身位置的依据。如图5-26所示，是人分别从近、中、远三个不同位置对同一座建筑的尺度感知。

（a）近景　　　　　　（b）中景　　　　　　（c）远景

图5-26　从爨底下村的不同位置对山上同一座建筑的尺度感知

2．街巷空间的基本形态

（1）直线形

直线形街巷空间主要被运用于平原地区的古村落。街巷空间整体上呈线形形态，两侧由院落建筑、院墙、门楼等组成的垂直界面严整规则。此类街巷空间主次分明，视线可达性强。在门头沟区、房山区、延庆区等少数地形相对平缓的山地古村落中，也存在着一些直线形街巷。但由于地形的起伏变化，山地古村落中的直线形街巷往往具有更丰富的层次变化（图5-27）。

（2）折线形

由于形成过程的自发性和长期性，北京古村落中多数街巷空间的平面形态呈现曲折变化，即为折线形街巷。该类街巷多被运用于山区古村落中，其走向因地形及建筑物的错落分布而变化多样，如迷宫般分布在村落中，成为古时村民防御外敌入侵的重要场所。此类街巷在满足人们正常的通行需求之外，还会因街巷的曲折变化和高低起伏，而让人产生丰富的空间体验，为日常行走增添审美情趣（图5-28）。

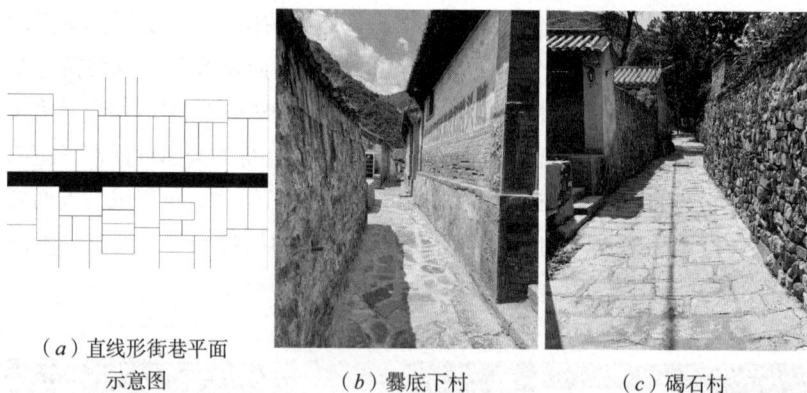

（a）直线形街巷平面示意图　　（b）爨底下村　　（c）碣石村

图5-27　直线形街巷形态

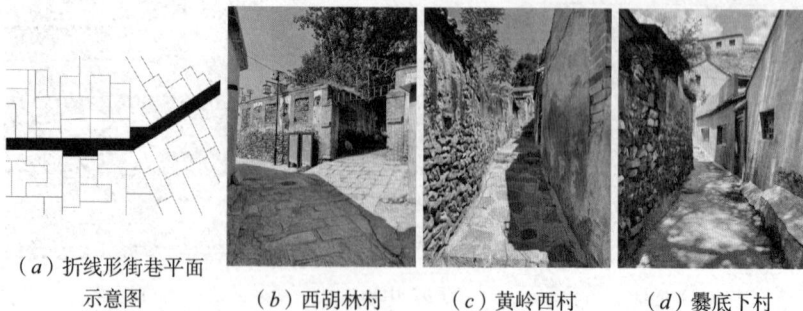

（a）折线形街巷平面示意图　　（b）西胡林村　　（c）黄岭西村　　（d）爨底下村

图5-28　折线形街巷形态

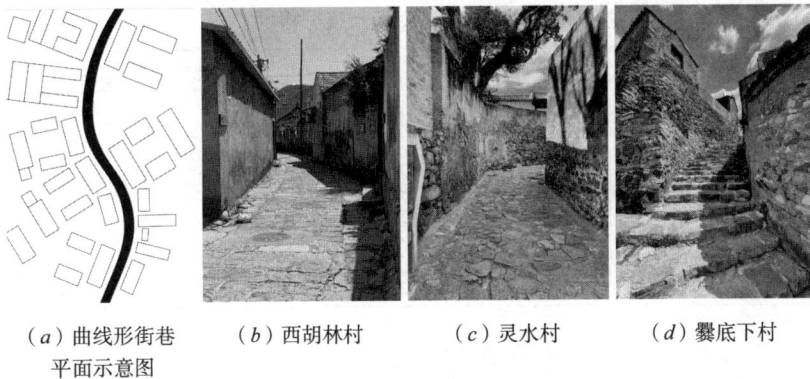

| （a）曲线形街巷 | （b）西胡林村 | （c）灵水村 | （d）爨底下村 |
| 平面示意图 | | | |

图5-29　曲线形街巷形态

（3）曲线形

曲线形街巷往往是村民根据具体的场地条件，因地制宜、自发地建造形成。从视觉效果及行为感知来看，曲线形街巷类似于折线形街巷。爨底下村，作为北京山区古村落的典型实例，其曲线形街巷多是顺应等高线而建，在适应地形的基础上，还有利于削弱洪水对建筑的冲击；同时，也丰富了人们对街巷空间的体验感（图5-29）。

3．街巷空间的尺度和比例

在建筑术语中，尺度是指建筑物整体或局部构件与人或人熟悉的物体之间的比例关系，以及人们对这种关系的感受；比例则是指物体之间大小的对比关系。因此，以所熟悉物体的尺度作为衡量标准，获取其他物体的尺寸信息，这种基于认知模式的感受，即为尺度感。

人们对于古村落街巷空间形态的感知，其核心是街巷空间尺度的问题。街巷空间尺度由街巷的宽度与两侧建筑及墙体界面的高度的比例来表示。尺度变化会影响人们对街巷空间的感受，从而引起人们的心理反应。根据芦原义信的理论，用街巷的宽度（D）与街巷两侧建筑的高度（H）的比值，来对北京古村落街巷空间的比例、尺度进行分析，发现古村落主街的宽度（D）多为3～5米，而两侧建筑的檐口高度（H）多为3～5米，宽高比（D/H）一般为1～2。以门头沟区龙泉镇琉璃渠村为例，其次街的宽高比（D/H）为0.9～2.2，空间尺度较为宜人（表5-7）。而作为山区古村落的密云区太师屯镇令公村，其传统街巷的宽高比（D/H）为0.3～1，尺度较为狭小，可能与其防御型村落的职能有关（表5-8）。

门头沟区龙泉镇琉璃渠村街巷空间尺度分析　　　　　表5-7

街巷剖面分析图	街巷实景	街巷空间概述
		D/H的值为0.5，空间尺度紧凑狭窄
		D/H的值为1.2，空间尺度较为宽敞
		D/H的值为2.2，空间尺度较为开阔

密云区太师屯镇令公村街巷空间尺度分析　　　　　表5-8

街巷剖面分析图	街巷实景	街巷空间概述
		D/H的值为1，空间尺度较为适宜
		D/H的值为0.8，空间舒缓适宜
		D/H的值为0.33，空间局促，且单调乏味

由此可见，北京平原地区的大部分古村落，由于用地较为富裕，其街巷空间的宽高比略大于山区古村落；同时，由于山区地形及环境条件不同，各个古村落的街巷空间宽高比也存在一定的差异。例如，门头沟区斋堂镇的西胡林村主街两侧、桑峪村街巷两侧，用地均相对较为平坦，因而街巷空间相对开阔；而门头沟区斋堂镇的爨底下村、柏峪村、双石头村等村落的街巷两侧用地则时宽时窄，断面的宽高比也各不相同。但总体而言，北京古村落街巷空间的宽高比较为合适，空间尺度宜人，是村民交往的重要场所。

5.4　北京古村落院落空间特征

传统民居作为北京古村落构成要素的基本单元，其丰富的空间布局、宜人的空间尺度、精美的建筑装饰等，成为古村落微观层面的重要组成部分。传统民居的建筑形式、空间特征与村落整体环境密切相关，根据地形变化、血缘纽带、安全防御等的需要，在北京古村落中形成了群体层面的建筑院落组团和个体层面的建筑院落两种空间层级，成为村民日常生活的重要场所。

5.4.1　院落群体空间组织的地域性

古村落在漫长的历史岁月中不断发展变化，其中作为基本构成单元的院落建筑在组合、排列和连接中体现着传统乡土文化的内涵。北京古村落中的民居院落形式较城市更为灵活，随地形、地貌和气候条件的不同，呈现出不同的空间特征，院落组合和空间形态的地域性十分明显、不拘一格。

1. 平面组织形态

北京古村落中的院落平面组织形态各不相同，如表5-9所示，主要有并联拼接和串联拼接两种基本形式。

（1）并联拼接：院落平行于道路或河流成行并置

平原地区的古村落用地开阔平整，村落形制规整，路网呈棋盘式分布，院落多坐北朝南，沿东西方向呈一字形排开，长度依街坊的长度、大小而定。院落并联拼接的个数由几个到十几个不等，但大多在20个以内。受传统营建理念的影响，各院落的院门大多位于南侧东南角；宅前

院落群体空间拼接类型	空间形态示意图	院落群体空间实景
并联拼接	并联拼接平面示意图 并联拼接剖面示意图	
串联拼接	串联拼接平面示意图 串联拼接剖面示意图	

巷道为东西走向，连接南北主街或次街。山区古村落因山形地势的限制和经济条件的差异，民居院落的整体布局随山就势、因地制宜，院落平行于等高线并联相接成坊，街坊内各院落的标高基本相同，而各个街坊之间形成高差，宅前巷道与垂直于等高线的主街或次街相接，从而联系整个村落（图5-30）。

（2）串联拼接：院落垂直于道路或河流成列排布

平原地区的古村落不受地形限制，院落坐北朝南，沿南北方向成列拼接，长度通常依街区地块的宽度而定，一般不超过五个院落，各院落的院门设置在东侧东南角，宅前巷道为南北走向，连接东西主街或次街。在古代，当家族成员较多时，多进院落同属于一家，也可横跨一个街区地块，排布成方形或矩形的街坊，此时院门一般设置在南侧东南角，而在北侧设置后门，通向北面的街巷。

受地形条件的限制，山地古村落中各个院落的高差相对较大，宅前巷道通过台阶或坡道的形式连接各院落入口，再与平行于等高线的村落主街相连（图5-31）。对于平原地区古村落的群体组合来说，由于不受地形条件的限制，院落群体呈行列式排布，形成方形或矩形的片状街坊，再通过主要道路连接成整个村落的居住区域；而山地古村落的院落群体组合，则因高差变化而具有更为丰富的景观层次。

2. 空间序列关系

两种不同的古村落平面组织方式分别构成了不同的空间层次和空间序列关系，在不同程度上反映了村民的空间观念。对于并联拼接的院落群体空间，其空间层次和序列一般由巷道控制，沿前进方向进入各个院落中，形成节奏感较强的"次街—巷道—院门—院落"的空间序列关系。而对于串联拼接的院落群体空间，其平面布局多具有明显的轴线，山地古村落中的院落群体空间依地形变化而有所调整，沿轴线方向形成"院门——进院—两进院"的空间序列，各院落空间具有不同的形态特征。除上述两种空间序列关系之外，还有串联与并联相结合的复合型院落群体空间组织，其空间层次和序列关系更为丰富。如门头沟区爨底下村的广亮院，该院北高南低，有南北两进院落，分东、西、中三路进入院落，院落之间有宅门或夹道相通，构成了连续而又富于变化的空间景观（图5-32）。此外，在部分山地古村落中，由于地形条件的限制，形成了一些不规则的合院空间序列，在某种程度上丰富了院落群体空间的序列关系。

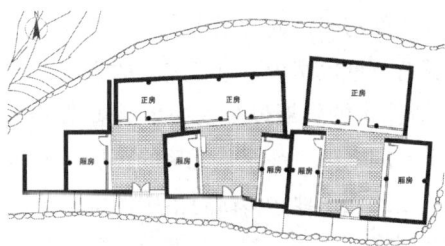

图5-30 爨底下村三个并联的合院

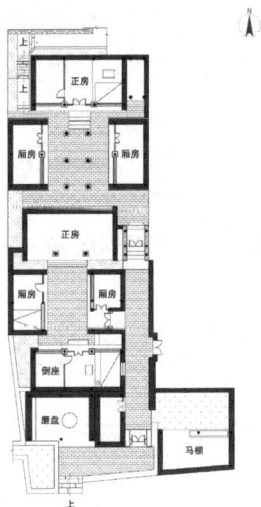

图5-31 爨底下村串联的合院

图5-32 爨底下村广亮院院落空间序列分析

5.4.2　院落空间组织的规整性

合院建筑是我国传统民居最主要的类型之一，将外部环境引入院落建筑内部是其最大的特色。北京古村落中的民居院落规模，既不像东北地区那样，因地广人稀使得院落可以有较大的占地面积；也不同于南方地区，因人口密集、气候炎热，形成了小尺度、天井式的院落。作为组织人们起居生活的主要空间类型，北京古村落中的院落空间以城区四合院民居的建筑形制为蓝本，不仅在纵向轴线上根据礼制等级布置重要建筑，还在轴线两侧对称布置各类用房，体现了长幼尊卑的礼法制度。

1．构成要素

北京古村落中的民居建筑，单体以"间"为基本单位，建筑层数多为一层，院落形式沿袭北方合院式民居形制，主要构成要素有院门、正房、厢房、倒座、院墙以及由建筑物围合而成的庭院（图5-33）。

（1）院门：按照风水学理论，院门多在南墙东南角或倒座房东南角，占用一个建筑开间，此为八卦中的"巽"位，为吉祥之位。进入院门正对着照壁，或是东厢房正对院门一侧的山墙，其上用砖砌照壁，避免视线对冲、邪气进入，同时形成了进入院落的第一个转折过渡空间。

（2）正房：院落中轴线上最主要的房间，通常用作祭祀祖先或主人的起居、会客。自明代起，我国就有"庶民房舍不过三间"的规定，平民不许建造九五间数。但随着建造技术的发展以及人们生活需求的提高，自清代开始便陆续涌现出大批五间七架，甚至是九架的正房。但是由于九间正房并不适宜生活起居，因此北京地区传统村落中的院落正房仍以三间或五间居多。正房的形制规格为全院之首。在部分大型合院正

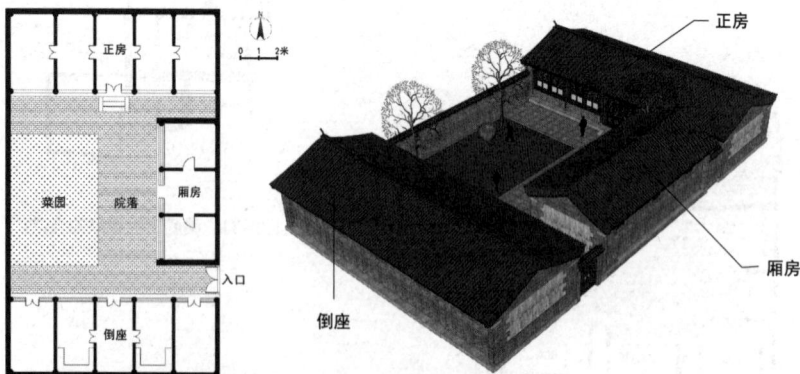

图5-33　延庆区古村落典型院落平面及三维效果图

房的两侧，还设置了具有辅助功能的耳房，其建筑体量、布局形式，乃至色彩、材料、构造等细节均一致，体现出规范化的建造模式。

（3）厢房：院落东西两侧的房屋。其建筑平面多为三开间，房门居中设置，朝庭院开设，厢房数量的多少取决于家庭居住人口的数量。厢房的功能多为晚辈的居室，同时也是堆放杂物、设置灶台的房间。厢房在建筑体量上小于正房，建筑材料、细部装饰的等级也显著低于正房，体现出长幼有序的礼法制度。

（4）倒座：位于院落南侧，坐南朝北，是与正房相对应的建筑用房，其建筑一般用作管家账房、客房或储藏室。倒座与正房、厢房共同围合成内向的院落，是院落的首个空间序列。而在倒座的最东端或中间的一个开间，多设置院落大门，与倒座建筑组合形成门户形象。

（5）院墙：作为围合院落空间的重要边界，院墙起到连接各个部分建筑主体和确定院落边界的作用；高度略低于正房、厢房和倒座的檐口高度；建筑材料多为砖石、土坯，构造形式简单。

（6）庭院：借由使用功能的不同，庭院大体分为以提供居住者生活起居为主的生活性庭院，以及堆放杂物、种植瓜果、蔬菜等的生产性庭院两类。前者多布置在合院民居的中心位置，且保证各类房间的门窗皆对其敞开，同时植物、附属设施的配置也较为考究；后者则多布置在民居院落空间的一隅，同周边的建筑紧密相连，且方便人们的日常通行。

2. 院落的平面类型

北京古村落中的院落平面类型较多，由以上构成要素灵活组合形成的院落空间，其方正的形态、完整的院落空间和良好的采光条件，为居住者的健康生活提供了基本保障。

根据院落内的建筑数量，可以将平面类型划分为一合院、二合院、三合院和四合院。一合院仅由正房和三面院墙围合而成，形式单一。二合院是由正房、一处厢房以及两面院墙围合而成，或由正房、倒座以及两面院墙围合而成，主、次空间有别。三合院是由正房、东西厢房和南侧院墙组成，院落入口设置在院落的东南角，也有少量院落利用正房的西北角开设院门；或由正房、厢房、倒座和一面院墙组成，院落入口设置于倒座最东端的建筑开间。四合院的组成要素较为完整，包括正房、东西厢房、倒座，并由院墙相互连接，是典型的合院式民居（图5-34）。

在院落组合方面，根据居住者的家庭人口数量，以单一合院为基础单元，不断拼合扩展，最终形成独立院落、两进（跨）院落和多进（跨）院落三类（图5-35）。其中，独立院落的规模较小，且内部构成简单明

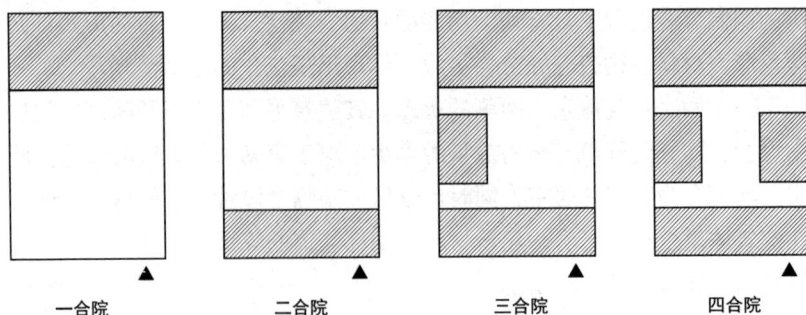

图5-34 合院平面类型

一合院　　二合院　　三合院　　四合院

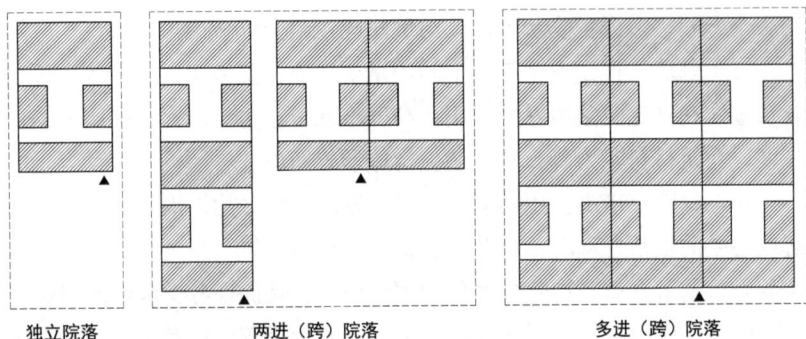

图5-35 合院平面组合类型

独立院落　　两进（跨）院落　　多进（跨）院落

了，适合家庭成员较少的住户使用，是普通百姓最主要的住宅院落形式。两进（跨）院落是一种在纵向上前后布置的院落。以第一进院落的正房最东侧一间为过廊或中门，正房作为厅房连接前后院落，第二进院落的正房多设有后门，直接通向另一街巷；另一种形式为东西横向并排的两跨院落，在东厢房与倒座相连的围墙上开设侧门，与东院相连，东院主要作为辅助用房和堆放杂物使用。多进（跨）院落是上述两种院落的组合，适合大家族居住，因兄弟众多，各有妻子儿女，两进（跨）院落不能满足居住要求，故横向发展为多跨院落，既能满足各个家庭对私密性的要求，又方便彼此联系。这种组织方式在纵横两个维度上，结合自身需求不断扩大，形成了连片的合院或府邸。

3．空间序列关系

院落是北京古村落中民居建筑空间序列的核心内容，其中独院式院落通过中轴对称的布局方式体现出长幼尊卑的传统伦理观念，倒座、庭院、正房布置在南北轴线上，正房南侧左右对称布置东西厢房，其体量

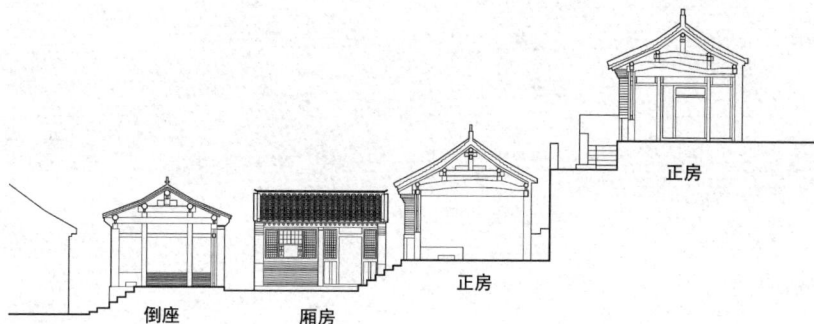

图5-36 院落空间序列分析

和高度均小于正房，单体民居建筑的开间和门窗也为对称式布局。多
进（跨）院则以各个院落的庭院为中心，分别通过串联或并联的方式组
织纵向、横向或横纵结合的空间序列。与公建院落以纵深方向为主要轴
线，来体现单一的空间节奏不同，民居建筑为了争取更多的沿街立面，
多沿横向轴线发展，通过过廊、过厅、侧门等要素连接重复的院落母
题，形成丰富的空间体验（图5-36）。

　　单进院落空间序列主要由入口空间、庭院空间和建筑内部空间组
成。其中，入口空间主要包括门外照壁、门楼和门内照壁等设施。门外
照壁是门楼前的过渡空间，起到遮挡视线、避免煞气直冲的作用；经由
门外照壁进入门楼空间，这里是整个院落空间中最引人注目的部分，在
不同程度上，体现出户主的身份和社会地位。除门外照壁之外，门楼
对景的内部还有门内照壁，均是进入庭院的重要转折点。庭院空间则
是村民日常生产、生活的重要场所，起到凝聚家族成员血缘关系的作
用。通过庭院空间分别进入正房、厢房、倒座等建筑空间，由此形成
"院外空间—门楼空间—影壁空间—庭院空间—建筑内部空间"的序列
关系。

06

典型案例
空间解析

6.1 自然聚落式古村落：灵水村

6.1.1 灵水村概述

灵水村位于北京市门头沟区斋堂镇西北部，距镇政府12公里，距西五环72公里，距109国道4公里。根据沈榜的《宛署杂记》记载，灵泉禅寺"起自汉时"。据《辽玉河县清水院统和十年经幢考》一文记载，在辽统和十年（992年）以前灵水村便已经存在，距今已有一千多年的历史，且在辽代已初具规模。明末清初，该村有村民360户，2000余人，发展兴旺。

灵水村地势整体西北高、东南低，占地面积6.4平方公里，该村所在地域略呈长方形。灵水先人以风水学理论择地建村，定"四神砂"而立玄武（龟形）为村形。村落群山环绕，前罩抓髻山，后靠莲花山，依山泉而建，水绕村而流，构成"天人合一"的自然环境格局。村内有72口水井，"灵物"与"水"相配，故而得名为灵水（图6-1）。

灵水村在明代初期就建有社学，该村自古尊师重道，共出过两位进士、22位举人和10余名全国最高学府国子监的监生，因此它还被冠以"举人村"之名。除了自身极佳的风水环境外，得益于文人墨客的艺术品位，灵水村的空间形态也富有丰厚的文化底蕴。此外，俗话说"靠山吃山、靠水吃水"，灵水村在明清时期还有一个重要的资源，就是连接北京与山西省、河北省、内蒙古自治区等地的西山大道由此经过，这条繁荣的西山大道给灵水村的经济发展提供了良好的地理条件，使许多科举无望的灵水人踏上了经商之路，在山西、河北、内蒙古和北京之间进行商品交易。他们将山区特产（如核桃、杏仁、大枣、红杏等）运到京津

图6-1　灵水村鸟瞰图

等地。又将城内的生活日用百货等运至山区销售。在此背景下，灵水村一度商业繁盛，不但出现了包括三元堂、大清号在内的八个著名店铺，极大地带动了村落及周边区域经济的发展，并以此为地域文化的发展提供了良好的经济基础，而且还塑造出兼具文化与商贸二元一体的发展模式，故成为北京地区最具代表性的传统村落。该村在2005年被列入"第二批中国历史文化名村"名单，2012年入选第一批中国传统村落名录。

6.1.2 灵水村公共空间解析

灵水村的公共空间包括点状、线状和面状三种主要类型。点状空间，即节点空间，一般包括由古树、井台、石碾等景观小品组成的节点空间和街巷交叉路口等。线状空间，即街巷空间，主要由街道和巷道组成，包括道路两侧的建筑界面和铺地等。面状空间，即广场空间，主要由寺庙、戏台等公共建筑围合而成。灵水村的公共广场包括村落入口广场、古戏台广场和灵泉禅寺广场（图6-2）。

1. 节点空间及其特征

灵水村的节点空间主要包括两类：一是由实体——包括古树、井台、石碾等——界定、形成的空间；二是由街道与街道或街道与巷道等交叉路口构成的节点空间。

（1）围绕古树形成的节点空间

由于古树位置极佳，因此围绕其形成的节点空间，尽管并不是设计中的村落中心，但却是居民最乐于开展聚集性活动的空间场所之一。据现场勘察，灵水村古树节点空间主要设置有四处，即水渠边古树节点、南北街与后街交叉路口古树节点、古戏台古树节点，以及灵泉禅寺古树节点（图6-3）。在这里，由于古树与其周边的建筑环境形成了一定的围合感，随着居民日常交往活动的日益频繁，这里自然而然地成为人们进行社交活动的场所。此外，在现代人看来，古树仿佛积淀着几百年来文人墨客的风骨与气节，因此自然具有一种神奇的吸引力，吸引人们聚集在这里休息、乘凉，而逐渐成为村民心中必不可少的社交活动空间之一（图6-4）。

（2）围绕井台形成的节点空间

为了便于村民汲水、洗衣或淘米，又不至于影响往来的行人，一般在井的周围都会用石块砌筑井台，其所在的街巷也都会为之让出一个较为开阔的空间，这样就形成了一个井台空间。灵水村现有三处井台空间

图6-2　灵水村公共空间分布图

图6-3　古树节点空间分布图

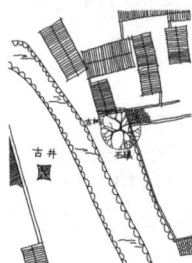

（a）水渠边古树节点

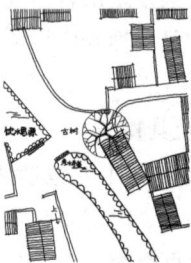

（b）南北街与后街交叉路口古树节点

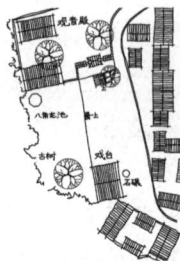

（c）古戏台古树节点

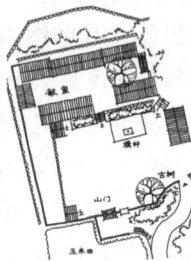

（d）灵泉禅寺古树节点

图6-4　古树节点空间平面图及实景

（图6-5）。除去位于村口的水井是四面临空，不做任何维护之外，其他均至少为两面围合，具有较强的空间限定感。近年来，随着自来水的普及，虽然这些水井已经失去了原有的使用价值，但仍然是村民日常交往、活动、聚集的重要场所，也是外来游客驻足观赏、拍照留念的主要景点（图6-6）。

图6-5 井台节点空间分布图

图6-7 街巷交叉口空间节点分布图

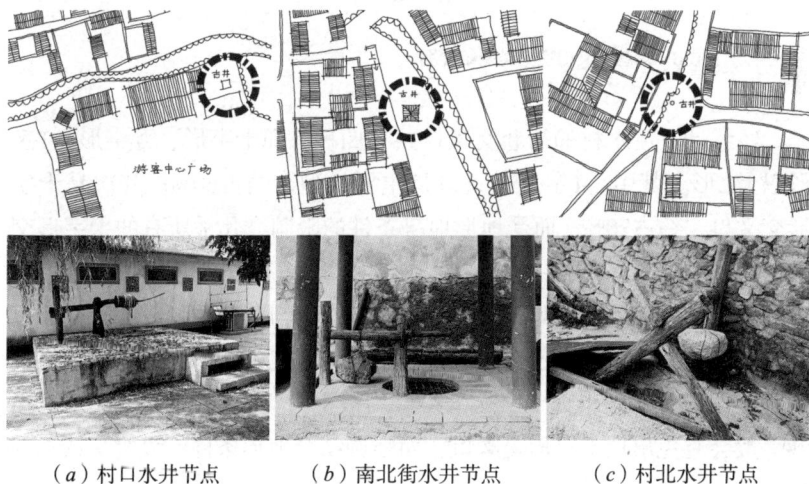

（a）村口水井节点　　　　（b）南北街水井节点　　　　（c）村北水井节点

图6-6 井台空间节点平面图及实景

（3）街巷交叉口

正如凯文·林奇在《城市意象》一书中所说："节点或者可以说是交通线上的一个突变，对城市观察者来说是很重要的。因为人们在这里必须做出抉择，他们要集中注意力，更清楚地感知周围环境。正因为如此，连接点处的构成要素所特有的显著性取决于它们所处的位置。"①街巷交叉口不仅是一条街巷的开始与结束，也是另一条街巷的中间节点（图6-7）。

---

① 林奇. 城市意象［M］. 方益萍，何晓军，译. 北京：华夏出版社，2001：55-60.

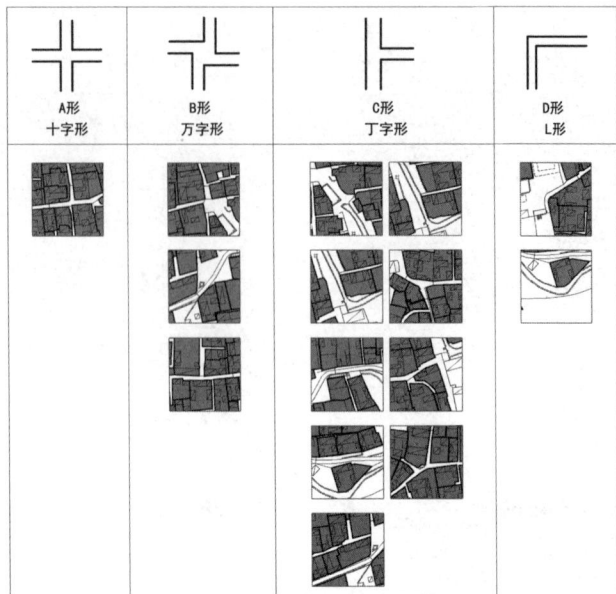

图6-8　街巷交叉口空间类型统计图

　　经统计，灵水村的街巷交叉口共有四种，即十字形、万字形、T字形以及L形。其中，T字形交叉口是主要类型，约占60%；其次是十字形交叉口，约占20%；而受地形地势条件的限制，几乎所有的十字形交叉口均存在不同程度的错位，有些则扩大为万字形的小广场。事实上在古村落中，街巷是在两侧建筑的建造过程中，与其互动形成的，并非事先规划好的。但是，由于在风水学理论中关于建筑和道路的禁忌颇多，其中，在建筑周围出现十字交叉路口均被视为"凶"。因此，灵水村街巷一般会避免出现十字形交叉口，而强调结合地形条件，设置交错式的交叉口（图6-8）。[①]

2. 街巷空间及其特征

　　灵水村的街巷空间较为规则，街巷纵横平直、主次分明，并随着地形条件的不同而有所变化。村内的街巷系统以东西向的灵水前街、中街、后街以及两条南北向的街巷为主要结构骨架，串联起通向院落的巷道，形成灵水村的街巷空间网络（图6-9）。结合上述分析，本节从村落街巷的平面形态、空间形态两个方面，对灵水村街巷空间的美学表达进行分析。

――――――――――

[①] 周文斌. 安徽休宁县万安老街历史空间更新设计研究［D］. 杭州：浙江工业大学，2015.

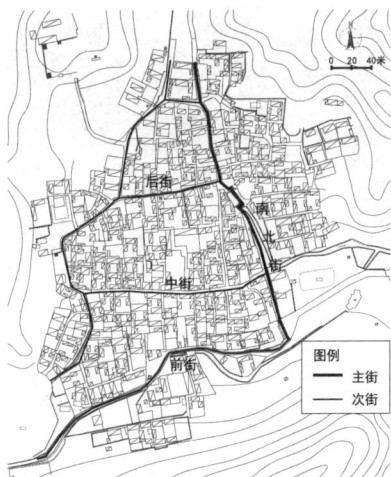

图6-9　灵水村街巷空间结构图

图6-10　街巷空间平面形态特征图

（1）街巷平面形态与特征

从村落整体街巷空间的分布与构成可以看出，灵水村街巷的平面形态特征主要包括如下两个方面。

1）鱼骨状分布。灵水村的街巷空间由一条南北向的主街，三条东西向的次街（前街、中街、后街），以及若干巷道组成。从整体平面形态上看，各主要街道和连通他们的巷道呈鱼骨状排列。街道的封闭感和连续性较强，街道两侧大多为明清时期古民居的正立面或侧立面，它们大多临街连续排列、依山就势、高低错落、鳞次栉比，呈现出较强的结构关系。

2）主街垂直于等高线布置。与一般山区古村落一样，为了满足自然采光需求，灵水村的民居大多坐北朝南布置，主街南北向垂直于等高线布置，次街则垂直于主街顺等高线走向布置。这种做法保证了每户的正房都为南北向，拥有良好的采光（图6-10）。

（2）街巷空间形态与特征

1）宜人的尺度。这些街巷除了南北街为商业性街道外，其他的均为居住性街道。街巷空间的体验主体是人，不同尺度的街巷空间，通过开、合、抑、扬等序列组合，使人产生或轻松或压抑、或兴奋或疲倦、或安全或紧张等不同的感受，带来层次丰富的空间体验和村落与自然浑然一体的独特感受。

通过分析街道宽度与临街建筑外墙高度的比值，可以对传统街巷空间的视觉以及知觉进行分析。并认为当宽高比（D/H）小于1时，由于街巷空间过于狭窄，导致人们的视线被收束，而产生某种压抑感；而当

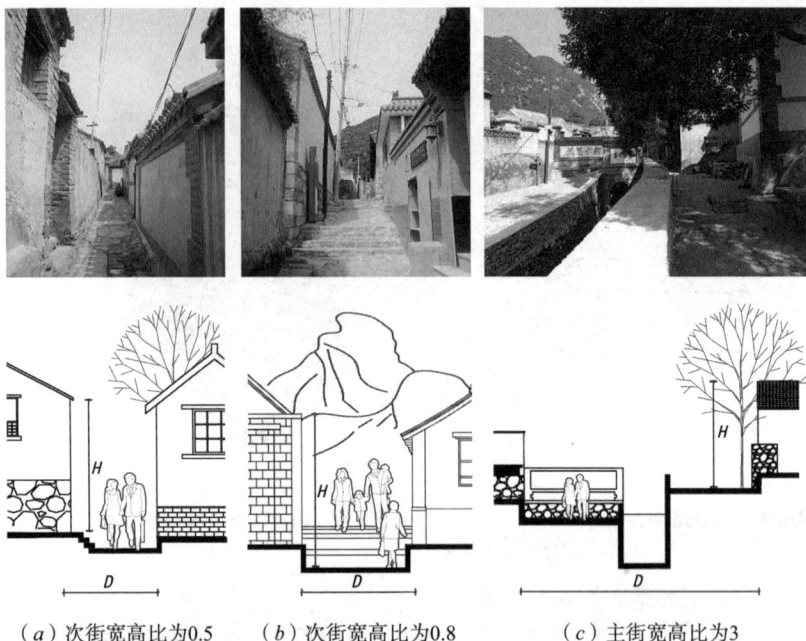

（a）次街宽高比为0.5　　（b）次街宽高比为0.8　　（c）主街宽高比为3

图6-11　灵水村典型街巷空间宽高比分析图

宽高比约等于1时，会随着街巷空间尺度的加大，而减弱这种压抑的心理感受；但是当宽高比约为2时，街巷空间带给人们的感受开始朝着舒适的方向转变。灵水村街道空间的宽高比基本上是0.5~2，而主街则大于2，这说明其街巷空间的内聚性较强，同时具有较好的视觉效果，满足人们追求安定亲切的心理需求。可见，无论是街巷的宽高比，还是街巷两侧界面中建筑的立面构件尺寸，灵水村的街巷空间都给人以舒适、亲切的感受（图6-11）。

2）随山就势，高低起伏。灵水村整体地势西北高、东南低，南北高差约为19米。街道顺应地形的起伏变化，主街南北向垂直于等高线布置，为满足交通需要，主街无台阶设施；次街则根据地形起伏变化，采用台阶或坡道的方式灵活处理街巷与地形的关系，使灵水村的街巷体系从二维变为三维立体空间，从而呈现出丰富多变的山地街巷空间形态和景观效果。

3．广场空间及其特征

与城市广场不同，古村落广场空间通常指村口、街巷交叉口、院落组团之间或主要公共建筑前的空地，它们一般与街巷空间相结合，并构成具有一定外延的公共场所。这些公共场所的存在与否、规模、形式等，是居住者常年积累的生活习俗的地域差异性的反映，而文化传统、宗教信仰、心理行为等则是导致这种差异性产生的根本原因。经调查发现，灵水村除少数依附于寺庙、宗祠建设的广场空间外，大部分广场空间均是基于某种使用功能需要而自发形成的活动场所，无关乎设计构思（图6-12）。

（1）广场平面形态与特征

灵水村内部主要存在规整式和自由式两种广场平面形态。

1）规整式广场。规整式广场空间的平面形态多呈对称式布局，

图6-12　灵水村广场空间分布示意图

且具有明显的纵横向轴线，重要的建筑单元大多集中设置在轴线两侧。以灵泉禅寺前广场为例，该广场平面呈规整的几何形，且存在纵横方向的轴线设置，其作用在于凸显广场主次方位，并根据级别设置建筑物的位置（图6-13）。

2）自由式广场。因场地、自然环境、历史以及建筑布局等条件的限制，传统村落中的广场在平面上多呈现不规则的自由形态。在灵水村，除上述灵泉禅寺前广场外，村口广场、古戏台广场等均为自由式广场（图6-14、图6-15）。

（2）广场空间形态及特征

灵水村中现存的广场空间形态主要有以下两个特征。

1）借助景观小品，体现地域特色。建筑小品、绿化等是广场构成中的重要内容，它们可以反映出因人的行为需要而形成的广场空间特征。灵水村的广场空间亦如此，古树、石凳、石材铺地、古井、石碾等塑造了古朴、自然且颇具地方特色的广场空间。

2）空间形态自由多变。灵水村的广场空间形态大多是自由多变、不受束缚的，且均是伴随其不断演化的过程，与自然、社会以及人的行为相互作用，从而形成的一个动态结构组织，并最终展现为一个持续发展、有机融合的生命载体。在这里，空间形态的自由多变，不但促使其艺术风格的多元化发展，还能够随着使用需求或人们审美观念的不断转变而发生相应变化，体现为一种自发的设计行为，反映出人们长期积累的生活习惯，成为村落历史的见证与延续。

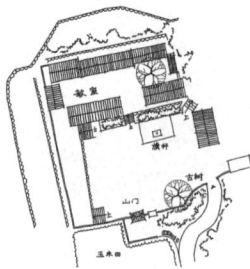

图6-13 灵泉禅寺前广场   图6-14 村口广场   图6-15 古戏台广场

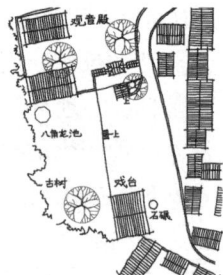

6.2 商道沿线古村落：水峪村

6.2.1 水峪村概述

水峪村位于北京市西南部的深山腹地，属于房山区南窖乡，距108国道8公里，是北京"西山文化带"的重要组成部分，也是北京自古以来的交通要道和重要的商贸驿站。元末明初，水峪一带的古商道虽人流络绎不绝，但当时此地尚未形成村落，仅有少数山西商人通过开设客栈，在此落户生根、薪火相传。明洪武四年（1371年）至永乐三年（1405年），朝廷为了御敌安民、发展生产，实行军屯政策，相继19次从山西移民近三万户，充实到京郊平原地带，垦荒屯田。朝廷规定，迁徙之民不能回原籍，被发现者一律以重罪处之。有些逃脱者由于不敢再回山西老家，只能躲到山区谋生，水峪一带的早期先民就是由此而来。他们最初以草庵为家，以野果为食，延续香火。后通过古道商队从山西老家带来大芸豆种子，在山坳旮旯播种收获。从此，一代又一代的水峪村人手垒石畦，锄刨沙砾，躬耕泥壤，在山峁沟壑处开荒垒田，开辟了累计上千亩梯田，洒下了汗水和泪水，倾注了他们的智慧和心血。

水峪村处于低海拔的窖形盆地，村落建于河谷东西两侧，沿一条西北—东南走向的沟岩分布，北以中窖梁为屏障，南面的南岭坡低矮平缓，西侧纱帽山高耸挺拔，并与东瓮桥相对。村内有水井三口，水源充沛，是名副其实的"水峪"村，具有"背山面水，环山聚气"的特点。水峪村村域面积达845.87公顷，山地面积占村域总面积的近97%；群山环绕，生态资源保护较好，其林木覆盖率高达73.6%（图6-16）。

水峪村在历史长河中积淀出以古宅、古碾、古商道、古中幡为代表的"四古文化"，至今仍焕发着光彩。水峪村历史悠久，素有文化村的美誉。2004年，水峪村被评为"市级民俗旅游村"，2012年入选第一批中国传统村落名录，同年被评为"北京最美的乡村"，2014年被列入"第六批中国历史文化名村"名单，2015年被评为"全国生态文化村"。

现在的水峪村是由新村和旧村两部分组成的（图6-17），旧村包括东村和西村，古商道街巷及古院落集中分布在旧村；与旧村相比，新村建设更具现代化。本节主要以旧村的古商道空间为解析对象，阐释其空间特征。

6.2.2　水峪村古商道街巷空间解析

贯穿村中的主路为南岭古商道中的一段。南岭古商道总长27.5公里，东进良乡连京城，西通山西、内蒙古，南通涿州等地，与茶马古道相通。清朝中后期，京城与西南等地的贸易往来促使商道逐渐形成，成为西南方向进京的必由之路，从而带动了水峪村的兴盛，对村落格局亦产生了重要的影响。[①]

图6-16　水峪村鸟瞰图

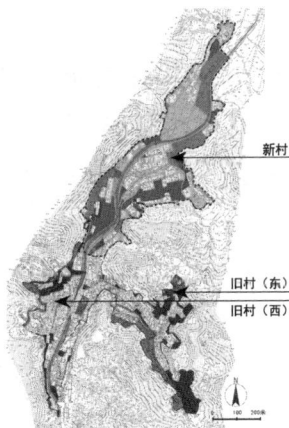

图6-17　水峪村新村、旧村位置示意图[②]

---

① 欧阳文，龙林格格，甘振坤. 京西山地传统村落保护与发展策略——以水峪村为例［M］//中国城市规划学会. 持续发展　理性规划——2017中国城市规划年会论文集. 北京：中国建筑出版社，2017：601.

② 作者改绘，底图引自《北京市房山区南窖乡水峪村保护规划〔2012—2020年〕》。

1. 古商道街巷空间构成

水峪村内的古商道贯穿水峪东村和西村。不同于其他古村落的街巷空间，水峪村以古商道为村落主体骨架，串联着包含了村民日常生活和古商道贸易往来的商旅游客活动所需的交通、生活、商贸服务等各种空间要素。水峪村古商道街巷空间主要由线性空间要素和节点空间要素组成。

（1）线性空间要素

线性空间要素主要包括以古商道为主的东街、西街及其支巷，与古商道相邻的水峪井以及残存的石墙片段。水峪村内的古商道长约800米，可直抵房山，还可进良乡、入京城，也可南下至涿州等地。从前，山里的煤炭、毛皮、各种干鲜果品被骡马驮出，带回来的是粮、盐、布匹、糖、针线和京城异闻。有众多背背篓的小贩也往来于其中。村落鼎盛时，古商道甚至拥堵难行，到现在仍可见当时牲口的蹄印掩于草丛中。与古商道相连的水峪井道贯穿东西村落，由青、白、灰石砌筑。古商道部分路段单侧筑有古墙，墙身现已不完整，仅剩下几个零散的片段（图6-18）。

（2）节点空间要素

节点空间要素是指与村民日常生活紧密联系且能反映村内古商道使用历史的开敞性公共空间，包括村落中心以戏台为核心的开敞空间、村西街石碾和道路交叉口的开敞空间、村东街娘娘庙和古槐树开敞空间、杨家大院门前道路交叉口开敞空间，以及长岭坨开敞空间共五处节点空间（图6-19）。

2. 古商道街巷空间形态

（1）线性空间形态

古商道街巷空间以东街和西街为主要交通性街巷贯穿东西村，从

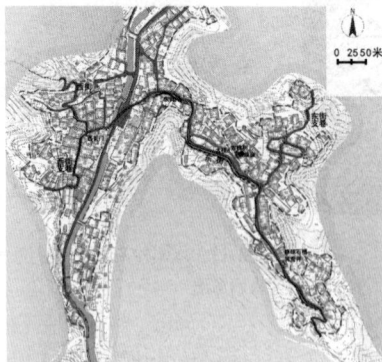

图6-18　线性空间要素分布示意图①　　　图6-19　节点空间要素分布示意图①

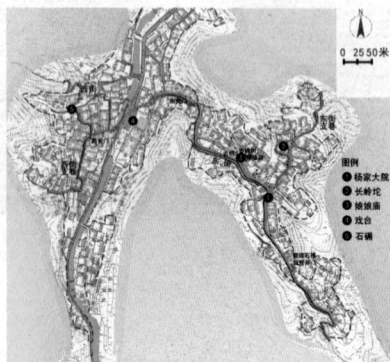

---

① 作者改绘，底图引自《北京市房山区南窖乡水峪村保护规划〔2012—2020年〕》。

东南方向入村，延伸至西北方向出村，并在东街和西街分别延伸出东街支巷和西街支巷两条主要的生活性巷道。交通性街巷空间随地形态势，自然蜿蜒曲折，与村内水系呈十字交叉格局。交通性街巷路面宽度多为3～5米，两侧除了有传统民居建筑、3～3.5米高的古石墙，还有一条与古商道亦开亦合，约3米宽、0.5～2米深的水峪井道。生活性巷道较为曲折多变，路面宽度较窄，大多不足3米，生活气息浓厚。生活性巷道的两侧是宅院和高耸的院墙，曲径通幽但略显压抑。青石板路，小桥流水，石墙土壁，一步一景，构成了水峪村独具的街巷空间特色（图6-20）。

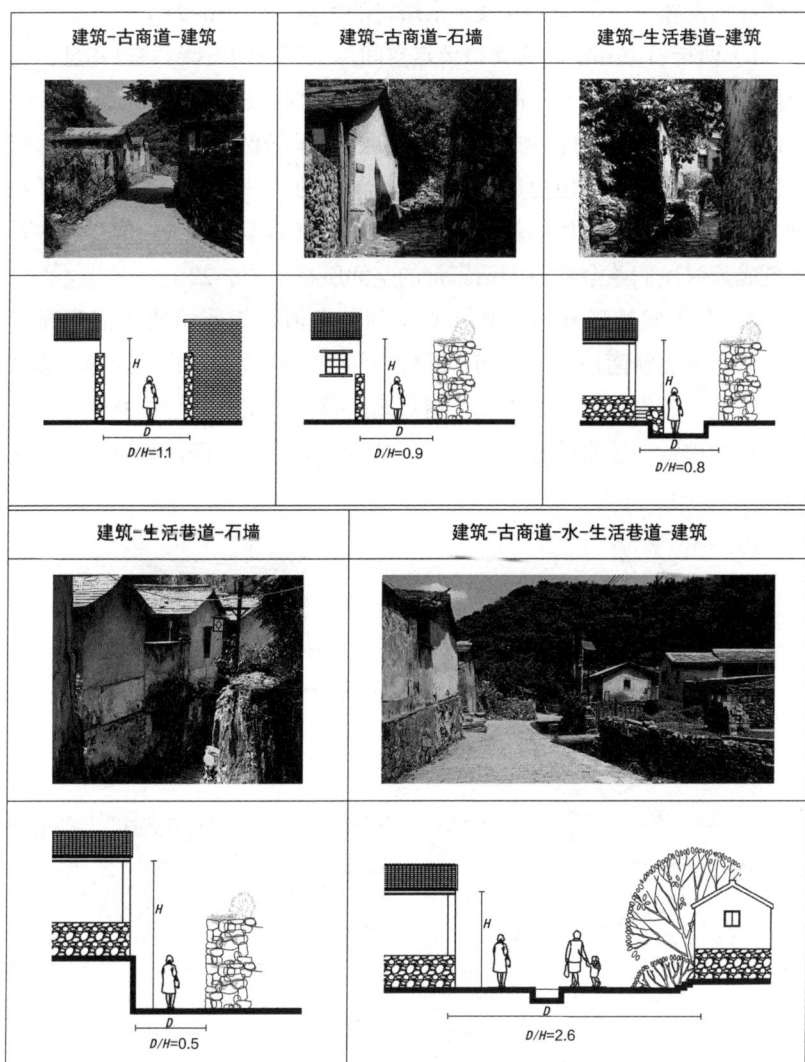

建筑-古商道-建筑	建筑-古商道-石墙	建筑-生活巷道-建筑
D/H=1.1	D/H=0.9	D/H=0.8

建筑-生活巷道-石墙	建筑-古商道-水-生活巷道-建筑
D/H=0.5	D/H=2.6

图6-20 水峪村典型街巷空间

（2）节点空间形态

戏台节点空间位于水峪东村与西村交会处的官房，此处是古时水峪村的学校，原来的院内空地，也是古代村民的公共活动场所。日伪时期曾被烧毁，1949年以后又在官房原址盖起供销社。官房附近搭有戏台垛子，面积近100平方米。古时戏台垛子就地取材用石砌台基，演戏时用草席搭棚。每到大年初一至十五，方圆几十里的人都云集到这里看戏，村童歌谣流传《民之桑》："锵—锵—喊锵喊，姥姥家唱大戏，初一十五水峪去。"年节祈福祭祀时，更有水峪村音乐会、锣鼓会、中幡表演在此举行，盛况空前。现在，戏台垛子已用水泥封住，钢架支棚，电器音响设施一应俱全，变成了水峪村的大舞台（图6-21）。

1）西街石碾和道路交叉口节点空间。水峪村的石碾共有128盘，其中最古老的一盘是道光年间的石碾，至今仍被村民使用着。在农业劳作中，古石碾被用于为谷物脱壳或将其碾碎。尽管在现代化的农业生产中，石碾早已退出了历史舞台，但是村落里的每一盘石碾不仅见证了农耕文化，还记录了村民们耕读继世，诗书传家的淳朴民风。现在的古石碾更成为村民们茶余饭后闲话家常的空间所在（图6-22）。

2）东街娘娘庙和老槐树节点空间。东街娘娘庙始建于清康熙年间，建筑坐北朝南，正殿三间、配殿两间，立柱横梁上的行云游龙彩画现已斑驳。院内原有一棵古槐，树冠遮天蔽日，花开之时，香气袭人，文革时期被毁。后来修复娘娘庙时，从潭柘寺移来一株银杏树，该树至

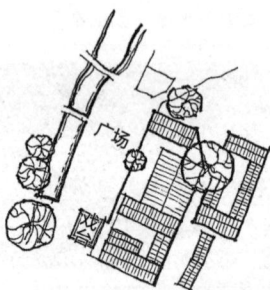

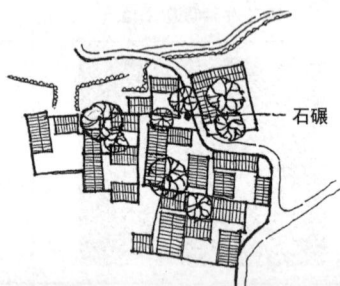

图6-21 戏台节点空间

图6-22 西街石碾和道路交叉口节点空间

今仍枝繁叶茂，高耸入云，灵气犹存。这里曾是村民们祈求子嗣平安的祭祀场所。与娘娘庙正殿、门楼在一条轴线上的罗锅桥，为拱形结构，虽年代久远，却依然牢固如初。娘娘庙院外有一株老槐树，树下的空地，曾供奉过十二生肖神像，耍过中幡，放过烟火，搭过大棚，唱过大戏，艺人在这里耍过猴，小贩在这里卖过杂货，孩子们在这里追逐嬉戏，女人们在这里说笑不已。至今，村民们每到日暮时分，仍喜欢聚到这里闲谈、玩耍，听桥下流水淙淙，感受生活的怡然自得（图6-23）。

3）杨家大院门前道路交叉口节点空间。杨家大院坐落在东街与东街支巷的交叉路口处，这里自然形成一处开敞的室外节点空间。沿路向上行，两侧的古宅都是杨氏居所，由杨玉堂与族人创建。大夫院曾住着书法精湛的杨天佑，沟下院曾出中幡艺人杨守奇，沟上院曾是民间说书艺人老杨的住所。每到盛夏歇伏时，在路口清凉处，人们围着说书艺人老杨，听他谈三国、讲北宋，谈笑风生，不亦乐乎。现在这里也经常举行节庆集会和表演（图6-24）。

4）长岭坨节点空间。长岭坨原是自然形成的圆形土丘。后因村民取土沤肥，将土丘掏平，村里重新用砂石垒砌，将其改造成平顶圆台，以象征中华民族祭祀文化的五色土填基，圆台周围镶有木格围栏。今人称之为"赏月丘"，意思是站在这里，白天得以享受阳光，晚上为赏月的绝佳之处。长岭坨坐北朝南，与远处的纱帽山形成对景，站在长岭坨上可以俯瞰整个水峪村。目之所及，令人不禁慨叹先人村落选址的智慧以及

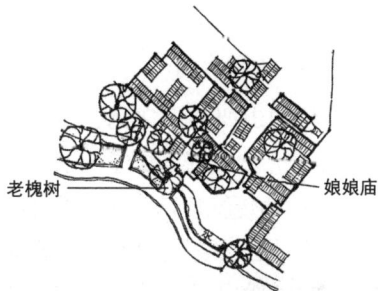

图6-23　东街娘娘庙和老槐树节点空间　　图6-24　杨家大院门前道路交叉口节点空间

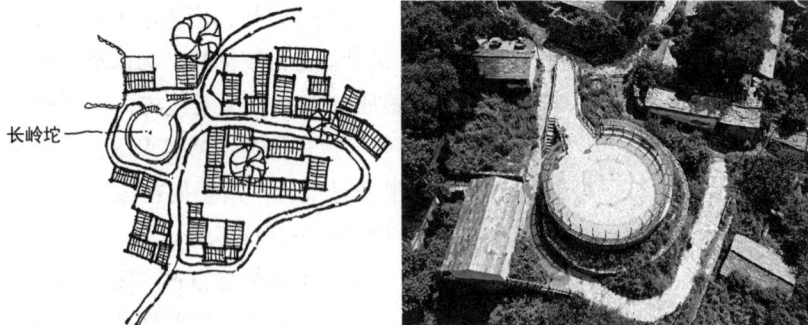

图6-25　长岭坨节点空间

村中上千亩梯田的壮观（图6-25）。

（3）空间组织

水峪村的古商道街巷空间除了具有交通功能外，还串联着村落中一系列公共活动空间。既是村落物质空间的主轴线，也是其精神文化空间的主轴线。这种空间组织显然是先于设计，成于自然，是水峪村先民在生产生活中自发组织营造出来的空间序列。上述五处节点空间仅是古商道街巷线性空间中的典型代表，它们涵盖了村民的生产生活、日常交往、节庆祭祀以及商贸往来等功能需求，反映了水峪村自建村以来，村民在回应自然和自身发展需求时展现出来的营建智慧、村落文化，以及社会组织的核心结构。

3. 古商道街巷空间特征

（1）融合村落的多元文化

水峪村的古商道街巷空间体现着水峪村的山西移民文化、耕读文化、宗教文化以及民俗文化等多元文化的融合。水峪村先民是山西移民的后裔，在生活习俗和村落风貌上均保留着山西传统特色。村里的老槐树历经沧桑而不倒，寄托着水峪村先民对山西故土的思念和记忆。水峪村先民承袭耕读继世的传统观念，重农重文，保留下来的大先生院、二先生院、三先生院、四先生院、杨家大院和私塾等建筑和院落都是村落

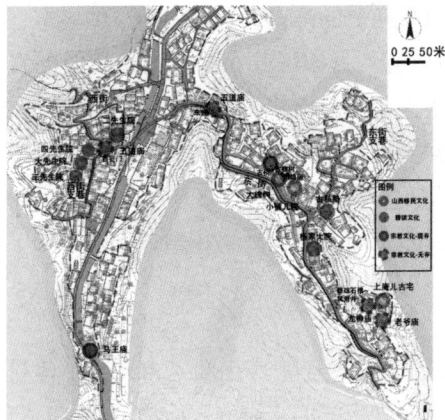

图6-26 水峪村古商道街巷空间多元文化载体示意图

（作者改绘，底图引自《北京市房山区南窖乡水峪村保护规划〔2012—2020年〕》）

建筑精品。尤其是气势恢宏的杨家大院，是村里巨富杨玉堂与其父在清乾隆年间，雇佣三十几名匠人，历经三年时间盖成的"学坊院"，主体建筑雅致古朴，保留了山西院落的窄长格局以及彩绘等特色。水峪村村民人才辈出，不仅有抗日英烈杨天鹏、孟林，共和国将军杨贯之，还有各级政府官员等。村落社会关系的维系除了依靠血缘关系展开的社会网络连接外，还依靠宗教活动，通过祭祀、祈福等活动，构建村落的精神家园。水峪村的民间信仰是通过娘娘庙、马王庙、龙神庙（现已为遗址）、尼姑庵等来承载的。现在的水峪村仍然保留了中幡、大鼓、秧歌等庙会民俗文化。2007年，"水峪中幡"成功入选北京市非物质文化遗产名录；2008年，代表房山区参加奥运开幕式前"京华情韵迎来客"的垫场演出活动，打响了水峪中幡的品牌，成为水峪多元文化中一张重要的"名片"（图6-26）。

（2）兼顾生活、商贸的需求

水峪村因古商道而生，随着村落的发展与演化，逐渐形成了以农耕生活和服务商贸往来为主要功能的古商道沿线村落类型（图6-27）。古时候，这里曾是驼队、商贩、兵马等出入京城的必经之路，也是其中途补充粮草和歇脚的地方。高楼客栈位于水峪西村古商道入口处，远远望

图6-27 水峪村古商道街巷空间界面图

去，高楼巍峨耸立、雄浑古朴。高楼两侧的沟口曾是浓烟滚滚的炭窑，水炭被商贩远销至京城。高楼门口有一盘印证着水峪村沧桑历史的石碾。水峪村古商道沿线的建筑院落大多朝向道路直接开设院门，村民在此经商做生意。沿线分布了数量众多的石碾，为往来的商人旅客加工粮食；而分布于村落重要活动空间的石碾，则为村民的日常生活提供服务。因此，这条古商道使村民的日常生活与商贸活动相结合，既带动了村落的繁盛，也深刻地影响着村落的空间格局。

（3）体现村落营造的智慧

1）村落格局，守放兼备。安全感和便于生产生活是古人选址建村的首要条件。水峪村形成于大房山深处南窑的水峪沟，以群山为屏，守护水峪村村民免遭战争侵扰，这是传统村落在选址建村时考虑防御性的表现。一条古商道穿村而过，由此也带来了村落的兴旺和格局的变化。水峪村建筑院落沿古商道排列，向其开门，不同于其他传统村落内向性的布局特征。由此可见，水峪村是在以四面环山作为防御屏障的同时，其内部空间布局又具有一定的开放性。

2）村落风貌，顺应地势。水峪村地势西北高、东南低，古商道与村内水系形成十字交叉格局。村落依山势而建，背山面水，建筑随顺地形，顺应古商道路径，错落有序排布。在群山的掩映之下，展现出山区古村落的山水之美。该村历经几百年的岁月变迁，依然保存完好，充分体现出古人营造家园、与自然和谐共生的智慧（图6-28）。

东瓮桥　院门口　老槐树　娘娘庙　杨家大院

图6-28　水峪村风貌

图6-29 水峪村建筑材料

3）村落营造，就地取材。水峪村地处石灰系硅质岩类山地，板岩矿体储藏丰富，建造活动多利用这种当地出产的板岩。明清时期民居建筑的墙体多以石块垒砌，以石板封顶。古石碾全部由当地青石制作。古商道也是由石板铺就。部分路段两侧设有石砌挡土墙，墙上特有的突出石块，是供村民、游客在暴发山洪时临时避险的。路侧排水沟也由石材砌筑。修建东瓮桥时，在石牌匾上刻下"宁水"二字，意为"抚水安洪，保平安"。这些建筑材料和建造措施的运用，构成了水峪村独特的景观，也保证了水峪村能延续几百年的格局和风貌（图6-29）。

6.3 驿道沿线古村落：榆林堡村

6.3.1 榆林堡村概述

榆林堡村位于北京市延庆区西南的康庄镇，地处华北平原与内蒙古高原过渡地带的冲积平原，距离延庆区政府12公里，距离康庄镇政府仅为1.5公里，距离八达岭高速2公里，其西南与河北省怀来县交界。是元、明、清三朝京北交通线上的重要驿站之一。[①]

从秦汉开始，一条出居庸关通往西北的重要通道便已经形成，榆林作为该通道上的驿站始于西汉，兴于元、明时期。元代的周伯琦在《榆林驿》中提到"此地名榆林，自汉相传旧"。在柳贯的《过长城》"秦

---

① 北京市文物局：北京历史文化名城保护规划。

人骨肉皆为土，汉地封疆已罢边"诗句中均能找到有关榆林驿历史的蛛丝马迹。元朝定都大都（今北京）后，大都周边的道路通达全国，交通网络的发展进入繁荣期。元朝设置两都，即大都和上都（今内蒙古自治区锡林郭勒盟正蓝旗境内）。每年春季，元朝皇帝赴上都避暑，秋季再返回大都越冬，两地之间的交通线路分东路和西路，空前繁荣。元朝皇帝往来于大都与上都，多走西路。西路包含辇路、驿道、御路和四海冶路；东路，即古北口一线。其中最重要的就是西路的驿道一线。皇家通过驿道运送官方车马、物资，觐见使臣等，从而带动了沿线村落的发展与繁荣（图6-30）。

现存的榆林堡始建于明正统十四年（1449年）至景泰五年（1454年）。当时只建了"周围三百七十九丈五尺"的北城，夯土城墙。明正德十三年（1518年），以既有的北城为依托，增建了南城。隆庆三年（1569年），又将已经建成约120年的榆林堡北城用砖石包砌。万历四十五年（1617年），再次对北城墙进行了"内外砖砌"，并同时对"城楼六座"进行了修缮，从而为榆林驿成为北京地区现存最早、保存最好的古驿站遗址奠定了基础。

在清代，榆林堡隶属于怀来县。怀来是京蒙通道，驷马轺车，络绎不绝，因此特置榆林驿和土木驿以及四军站，额外设置驿马三百余匹，平时供张[①]、人役、器具、粮储，颇有积蓄。康熙皇帝曾三次亲率大军

图6-30　元代上都与大都之间的主要道路图

（作者改绘，底图引自——尹钧科. 北京古代交通：北京历史丛书[M]. 北京：北京出版社，2000：31.）

---

① 亦作"供帐"，陈设供宴会用的帷帐、用具、饮食等物。

西征噶尔丹，路过榆林堡。据清代的《延庆卫志略》记载，明永乐年间，榆林驿有走递甲卒421名，马120匹、驴60匹。据清代的《怀来县志》记载，到清康熙三十四年（1695年），榆林驿共有马94匹，马夫97名，每年支出白银511两，豆1209.6石，麸345.6石，工食银1400两；每月支米248石。如按每石200斤计算，则合每年豆241920斤，米595200斤；每天则合豆662斤，米1631斤。由此算来，每天光在榆林驿吃饭的就有上千人。这组数字不仅说明了当时榆林驿过往的车多、差役多、驻军多，同时也说明了榆林驿当时的繁荣景象。

榆林驿不仅是中华古驿站的历史见证，也是古城墙、古建筑、古文化、古风景的见证。"榆林夕照"是古代的延庆八景之一。元人黄晋在《上京道中杂诗十二首》中的《榆林》一诗中写道："禾黍被行路，牛羊散郊坰"，可见当时的榆林农牧业比较发达。榆林堡东临军都山，北望海坨诸峰。每当夕阳西下，一抹余晖映照古城，农民荷锄晚归，牧人挥鞭哼唱，自是一番充满诗意的景象。明人范洪诗云："疏林余影映烟梦，满目青山暮色多"；明人赵玒也有"阵阵牛羊下坡远，疏林返照夕阳多；数声牧笛归村疃，几缕炊烟出薜箩"的诗句。

榆林堡不仅是我国古代邮驿文化的重要载体，也是研究古代军事史和交通史的重要依据和实物遗存，具有极高的历史文化价值。1998年该村入选延庆县重点文物保护单位，2003年被公布为北京市第二批历史文化保护区，2018年入选北京首批市级传统村落名单。

6.3.2 榆林堡村落空间解析

1. 平面规制及其特征

（1）凸字形的平面形制

榆林堡村总平面呈凸字形，分为北城和南城两部分。北城形制约略呈方形，边长约250米，占地面积约6公顷；南城为长方形，东西长约400米，南北宽约250米，占地面积约10公顷。南北城周长总计1.3公里，占地面积总计约16公顷。榆林堡村城墙的城砖、条石等已于1958年被拆除，现存的只是断断续续的土城墙。南北二城的凸字形轮廓依稀可辨。现存较好的土城墙共计约609.6米，其中北城墙约498.6米，南城墙约111米。现存状况较差的土城墙，南北二城共计约199米，其余城墙皆已荡然无存了。城墙原有的6座城楼亦早已被拆除。环绕城墙的护城河也已被填平，或种上了庄稼，或盖了房屋；而原护城河沿岸的古柳却依然挺拔茂盛（图6-31、图6-32）。

图6-31 榆林堡村全貌

（2）军民一体的功能分区

榆林堡村北城有东、南两座城门，南门名为"镇安门"，有城楼和瓮城。南城设有东、西二门，在这两座城门上，分别嵌有"新榆林堡"石匾一方。古驿道穿过南城，名为"人和街"。城内由北向南依次有军政区、设施区、商业区，这些功能之外的区域为居住区。小东门街以北是军政区，包括驿丞署、总兵府等，现均已不存。南北向居中的神庙街两侧主要设置有马号、城隍庙、财神庙、龙王庙、火神庙、关公庙和观音庙，供军民共同使用，是榆林堡城内的设施区。南城的人和街两侧区域为商业区，设置有驿馆（著名的刘家大院就位于人和街西部尽端）、杠房、杂货店铺、手工作坊、客栈等（图6-33）。

（3）形制形成的影响因素

元代发达的邮驿制度促使村落的初步形成与发展。元代的驿站极其兴盛，当时以大都为中心，通向全国各地的驿道四通八达，站铺林立，建立了以大都为总枢纽的邮驿网络。榆林驿（一说元代旧址位于今河北省怀来县西榆林）始建于元世祖中统三年（1262年），地处大都和上都之间往来的必经之路，也是皇帝每年巡行的必到之处。随着驿道的发

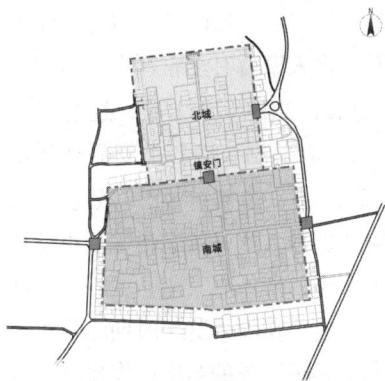

图6-32　榆林堡村平面形制示意图

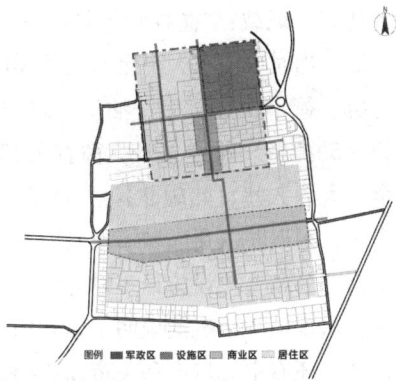

图6-33　榆林堡村功能分区示意图

展，榆林驿的规模逐渐壮大。

明长城防御体系促进了村落防御工事的修筑。明太祖洪武元年（1368年）占领大都。随着元朝统治的结束，榆林驿失去了昔日的地位和作用。明洪武二十七年（1394年），朝廷在京西北居庸关大道一线向西至开平设置了"十三驿"，其中在今天的河北怀来县东榆林设立了榆林堡。

明英宗正统十四年（1449年），因"土木之变"，从居庸关至大同、宣府的驿站均遭到洗劫和损毁。总督军务兼兵部尚书于谦带领官兵，于今天延庆区康庄镇之西南重新修建了榆林堡城，该城于明代宗景泰五年（1454年）建成，距今已有近600年的历史。此时的榆林堡位于驿道北侧，与驿道之间相隔100多米，大道自村落东侧分出一条支路，向西穿过村落后再与大道汇合。这一时期的榆林堡平面约为300米见方，村落中部有东西向主街一条，村落内街巷呈十字形，驿站区域设在村落东北角靠近东门处（图6-34）。

明武宗正德十三年（1518年），为加强军事防御，将榆林堡向南扩建，并在南城东门嵌"新榆林堡"石匾，从而形成了今天的凸字形平面。经过扩建，原有的驿道被包含进村落内部，成为村落中最主要的东西向大街——人和街。此时内部道路是"两横一纵"的基本格局。随着人和街两侧商业店铺逐渐兴起，村落常住军民数量增加，陆续修建了城隍庙等众多庙宇。到明穆宗隆庆三年（1569年），完成了榆林堡北城墙的包砖工程。后续又在城内建城楼六座，但南城城墙仍然保留了原先的夯土材质（图6-35）。

清代长城的军事防御功能逐渐减弱。康熙年间，因西部边陲战事而特别修建了"六百里加紧"的军用驿站，榆林堡遂于康熙二十三年（1684年）转为民驿，并在此设立集市，人和街两侧商铺林立。据《怀来县志》记载："榆林驿每月逢一、三、五、七、九日在人和街开设永兴集。当时城南东大街至西门外仅四五十户人家就有王家客店、吕家车马店、德丰恒百货店、油房、缸房、药店、当铺十六七家，还有零售和流动摊贩。每逢集日，商客云集，工、农、副、渔各类商品样样俱全，人山人海，热闹非凡。"随着经济的发展，榆林堡居民的数量日渐增多，民居院落突破城墙限制，开始向外扩张。居民的文化生活也逐渐丰富，公共文化设施最多时北城有庙宇六座，南城有三座，城外还有两座。这也从一个侧面说明了当时榆林堡的繁荣程度。这一时期除了集市以外，还有上元灯会和关帝庙庙会，也是影响广泛的当地民俗盛会。自此，榆林堡从明代的军事功能转变为清代的商贸功能，逐渐发展成为周边区域的中心（图6-36）。

2. 街巷空间及其特征

（1）井格状街巷布局

榆林堡村经过统一的规划，主要街道呈规整的井格状。北城"两横两纵"的主街道将北城分成了六格，南城十字形的主街道把南城分成了四格。南城的人和街贯通东西，北城的神庙街纵贯南北。次街与东西向的主街垂直，呈鱼骨状。村落中的主街既是联系村内外的主要路径，也是联系村落内部各个组团的主要纽带。北城神庙街因其两侧公共性文化空间的布局，而具有了较强的公共性。人和街除了承担驿道的职能外，也是整个村落的商业性空间所在。其他街巷主要以满足日常生活出行和邻里交往功能为主。

（2）疏密有致的街巷尺度

榆林堡村的人和街（古驿大道）宽9米，宽于村落的其他主街。由于车马通行和商贸活动所需，道路两侧建筑后退距离较大，建筑入口前留

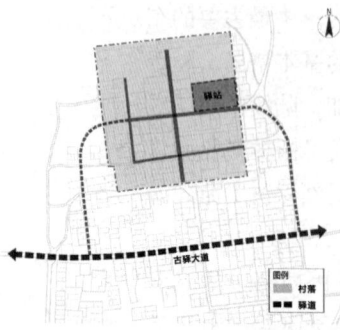

图6-34 明英宗至代宗时期平面图　　图6-35 明武宗至穆宗时期平面图　图6-36 清朝时期平面图

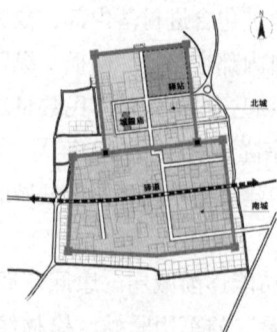

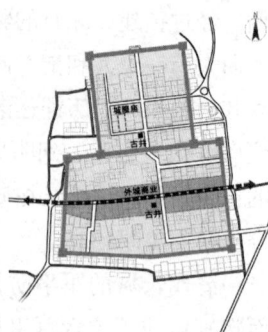

有充足的空间，便于店家在集市期间设立户外摊位。从街巷剖面来看，人和街的街道空间可划分为以快速通行为主的交通空间、以步行和短暂停留为主的公共空间，以及买卖空间和店铺入口空间。街道空间层次丰富、功能多样，D/H大约为1.2 ~ 2，尺度宜人。其他的主要街巷路面宽度约为3 ~ 5米，以通行功能为主，也包含公共建筑的入口空间等几个层次。以满足村民日常生活和邻里交往为主的次要街巷，路面宽度小于3米，D/H约为0.5 ~ 0.8，且排列密集，街巷空间十分狭窄，这与其军事防御功能是分不开的（图6-37）。

（3）均质连续的街巷界面

作为村落核心商道，榆林堡村的街巷因历史上商贸活动的兴盛，两侧院落多采用前店后宅的布局形式，沿街开设店门，形成连续统一的商业界面。由于建筑高度相差不大，街道两侧界面整齐划一。在空间活力营造方面，除节庆时形成的人流集聚效应外，各色店铺招牌与临时摊位设置灵活，形成了动态的商业韵律。榆林堡村其他街巷的界面则呈现出差异性，东西走向的街巷通过连续的院落倒座后檐立面与街巷交叉口组合，形成规整有序的界面；而南北走向的街巷则借助建筑山墙与院门的错落组合，塑造出丰富的空间层次。

3. 院落空间及其特征

（1）由纵深向叠加的窄院构成

榆林堡村的院落空间以一进院加后院和二进院的形式最为常见，总的来说，院落规模属于中小型。以一进院为一个基本单位，可以分别由四面、三面、两面和一面建筑与院墙围合形成最小的院落单元。在一进院的基础上，进行纵深方向的基本单元叠加，形成二进院或者三进院。榆林堡村的院落正房宽度通常是3 ~ 5个开间，即一组院落的总宽度也是3 ~ 5个开间；东西厢房的布局，通常山墙面会与正房的前檐面部分重

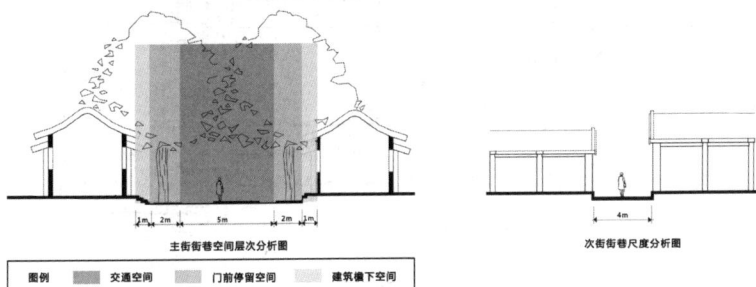

主街街巷空间层次分析图

次街街巷尺度分析图

图例　交通空间　　门前停留空间　　建筑檐下空间

图6-37　榆林堡村街巷空间层次及尺度分析图

叠，厢房后檐墙与正房山墙齐平，形成窄院的院落格局，且可结合用地
和道路情况进行灵活组合。院落通常在东南角或西北角设置院门，用独
立门楼或厢房的一间作入口（图6-38）。

（2）坐北朝南紧密的排列组合

榆林堡村的院落均为坐北朝南布局，院落之间的排列组合与街巷的
关系呈现出两种方式：一种是院落纵深垂直于街巷方向进行排列组合；
另一种是院落纵深平行于街巷方向进行排列组合。当街巷为东西走向
时，两侧院落就是纵深垂直于街巷方向排列组合，各个院落的厢房之间
紧邻或间隙极小。街道两侧的沿街立面由各个院落的倒座或正房后檐立
面构成，界面连续。商业建筑入口直接朝向街巷开设，易形成良好的商
业氛围。当街巷为南北走向时，两侧以院落纵深平行于街巷方向进行排
列组合；这时，院落通常不在沿街设置入口，而是经由街巷引出的次街

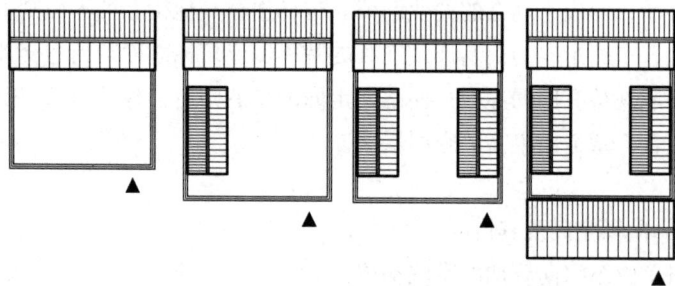

（a）院落单元

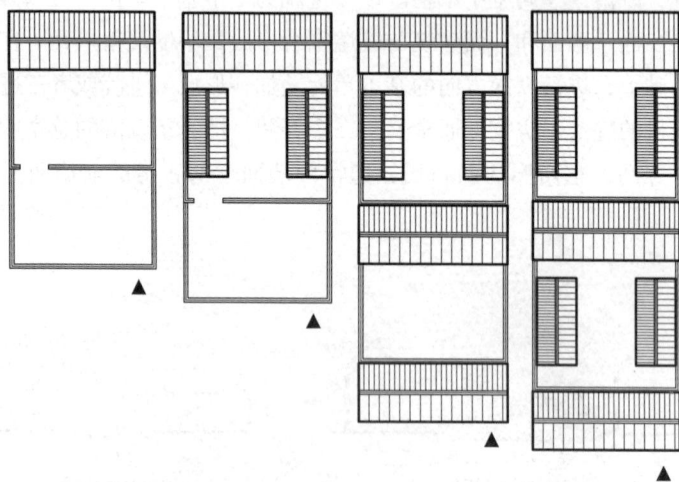

（b）院落组合

图6-38　院落单元及院落叠加组合示意图

支巷进入各处院落。街巷两侧立面由各个院落的正房山墙、院墙、厢房后檐立面以及道路交叉口组成（图6-39）。

（3）居住、商业兼有的使用功能

榆林堡村院落的建筑使用功能主要有两种：一种是单纯的居住功能院落；另一种是商住两用功能院落，集商业、生产和生活于一体。商住两用的院落集中分布在人和街两侧，这种建筑的平面布局方式需要同时满足商业（开放）与居住（私密）的需求，一般是"前店后宅"式。

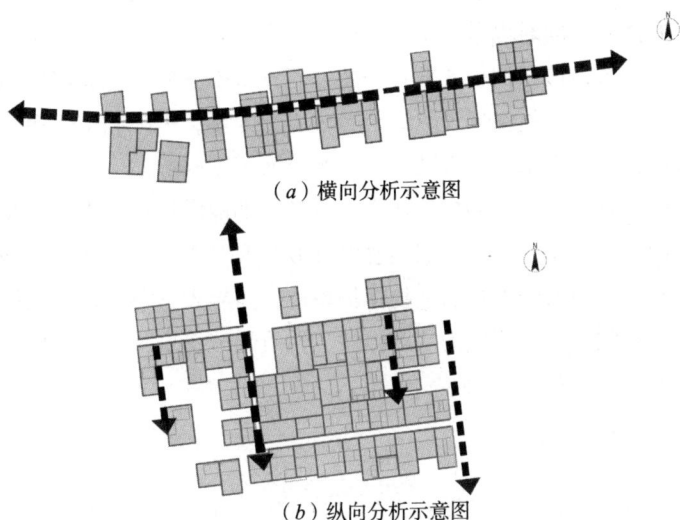

（a）横向分析示意图

（b）纵向分析示意图

图6-39 院落排列组合示意图

6.4 长城沿线堡寨式古村落：吉家营村

6.4.1 吉家营村概述

吉家营村位于北京市密云区东北部的新城子镇南部，东北距新城子镇政府约4公里，西南距密云区政府约70公里，距北京市中心约150公里。吉家营原名吉家庄，元代就已经形成村落，距今已有六百多年的历史。在吉家营村后的雾灵山上保留有一处石刻，上面记载着：在明朝崇祯年间，吉家营曾是驻守关口的军营，是典型的长城沿线的戍边城堡，城堡格局呈不规则的方形，通过城墙与外界隔绝，东西各设有城门一座，两门相互错开设置，一旦有敌人进入，可将其围困在城内一举歼灭。

吉家营村坐落在燕山主脉的主峰雾灵山西北麓，地处丘陵地带，周围群山环绕，地势南高北低，安达木河的支流小清河自东向西从村北流过。基地具备依山傍水的典型山水格局特征。其后背倚雾灵山，可作为抵御寒风的屏障，形成良好的通风、日照条件；村落面向小清河，便于生产生活取水，同时河水还调节了局部小气候。"因地形，用险制塞"是我国古代军事防御的重要原则。吉家营村始于镇守在长城沿线的封闭性城堡，此等险关要隘依照"依高、避泽、避冲及避壅"四个原则布置，具体体现在城堡居于高处，这不仅使人们在进行安全防御时占据了地形上的优势，同时也是为了便于传递风火信号。考虑到军事作战时战略交通的要求，城堡的位置既要作战方便，也不能安置在易堵塞的交通要道上。吉家营城堡在选址时综合考虑以上因素，因险制塞，巧妙利用地形特点，依山带水、得天独厚、水源充沛（图6-40）。

吉家营是我国典型的戍边堡寨，也是京郊地区具有代表性的北方古村落。1996年，被公布为北京市县级文物保护单位，2013年"长城—吉家营堡寨"被列入全国重点文物保护单位，同年入选第二批中国传统村落名录。自此，吉家营成为"双国保"性质的传统聚落，具有独特的魅力和强大的吸引力。

图6-40 吉家营村鸟瞰图

6.4.2 吉家营村长城堡寨空间格局解析

吉家营村是在军事堡寨的基础上逐渐演化为现在的村落空间格局的，通过对村落空间格局的分析，试图构建古代军事堡寨的村落图景。

1. 空间格局及其特征

根据历史资料记载：明洪武年间，吉家营地处曹家路后防线，是守卫长城的将士们训练和屯驻之所。城堡随山就势，背山面水，大致呈长方形，城堡有东西二门，上有门楼。墙体全部由夯土填筑，外面用砖石包砌。城墙四角有角墩台，堡墙内设环城马道。城堡东门外有演武厅、点兵台和练兵场等军事设施。城内有衙署等行政设施，还有服务于百姓生活的众多庙宇等公共文化设施（图6-41）。

随着城堡军事功能的弱化、城墙的损毁，以及村内人口的增加，为满足村民的生活需求，村落建设突破了原有城墙的限制，逐渐向东西两门外发展。城内两座城门所对应的两条平行的东西向道路形成于明代城堡始建之时，这样的设计与当时吉家营城堡的军事防御功能息息相关：一方面有利于将进攻者夹击于此；另一方面可为守城军队争取撤退和转移物资的时间。城内以一条约25米的南北向道路，将两条平行的东西向主街加以连接。随着近年来村落规模的扩大，原有的三条主街俨然已无法满足人们生产生活的需求。在20世纪70年代，于西门外修建了一条南北向的主街，形成了现在吉家营村"两纵两横"的主要街道骨架结构，并以此为基础形成了纵横相交的街巷系统（图6-42）。

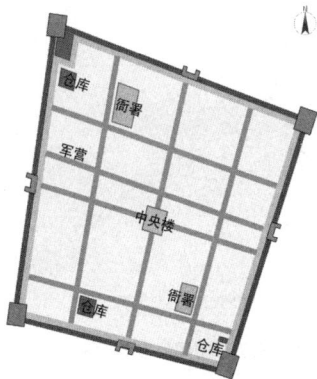

图6-41 吉家营城堡复原图

图6-42 吉家营村现状格局示意图[①]

2．街巷空间及其特征

吉家营村的传统街巷空间是明代修建城堡时出于军事防御目的规划形成的，在此基础上，随着村落的发展逐步形成了现在的街巷空间。

村落内"两横一纵"的主街巷是修建城堡时规划的产物，路面宽度约9米，新修建的西门外的南北向街巷相对较窄，路面宽度约6米。城堡内街巷空间曲折多变，其空间尺度多样，大多数街巷路面宽度为3～5米，两侧的建筑檐口高度约3.3米，街巷宽高比（D/H）约为0.6～1.1，尺度略显狭窄，有压迫感，这很可能与城堡的军事防御功能有关。入户巷道路面宽度更窄，大约1米。城内纵横交错的街巷保留着当年"避直就弯"的防御模式（图6-43）。

村内街巷空间除了承担公共交通的功能，还承担着公共空间的功能，尤其在道路交叉口上，这种复合功能表现得尤为突出。吉家营村的街巷交叉口以十字形与T字形为主，十字形交叉路口因四角布置内容的不同，而形成正位交叉、错位交叉、四角均质、四角差异等不同的组合类型。随着村落的发展，村内道路逐渐趋于平直、通达（图6-44）。

3．院落空间及其特征

吉家营村的院落格局为前宅后院式。在村内现存的早期院落布局中，民居建筑位于院落的北侧，一间正房与砖石砌成的院墙即为一个院落单元。在这种形制下，排布较为整齐的区域常常是相邻农户共用一面院墙。随着人们生活与居住水平的提高，许多农户在原来的宅院里加建了东、西厢房及倒座。正房通常为硬山式坡屋顶；倒座或采用平屋顶或

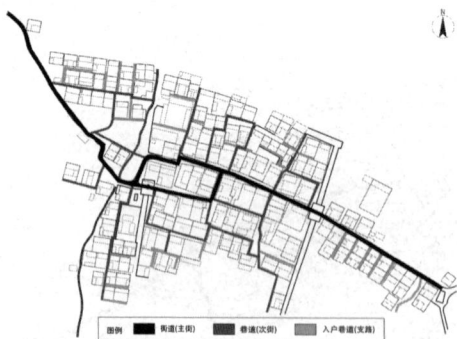

图6-43　吉家营村街巷空间分析图[①]

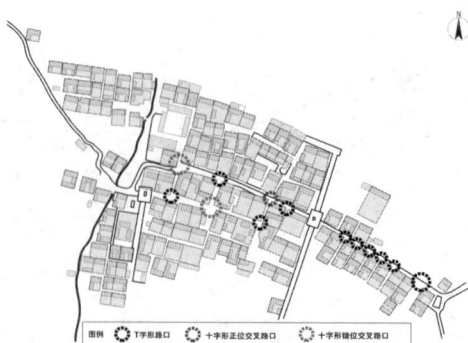

图6-44　吉家营村街巷交叉口空间分布示意图[①]

---

① 作者改绘，底图引自《吉家营村住宅的传承与更新研究》。

采用硬山式坡屋顶，但其在高度与体量上均小于正房；村内现有建筑中的东西厢房均采用平屋顶的屋面形式。村民根据自身的实际需求，将这些建筑元素加以自由组合，衍生出了多种院落形式。吉家营村常见的院落形式有正房与厢房同时存在、正房与倒座同时存在，以及正房、厢房、倒座三者同时存在。通过对村内民居建筑院落形式的归类总结可以看出，纵然没有两户的院落布局是完全一样的，但是"以北为上"、正房建筑坐北朝南，以及将建筑置于院落北侧的这种"前院后宅"的院落布局思想始终贯穿其中（图6-45）。

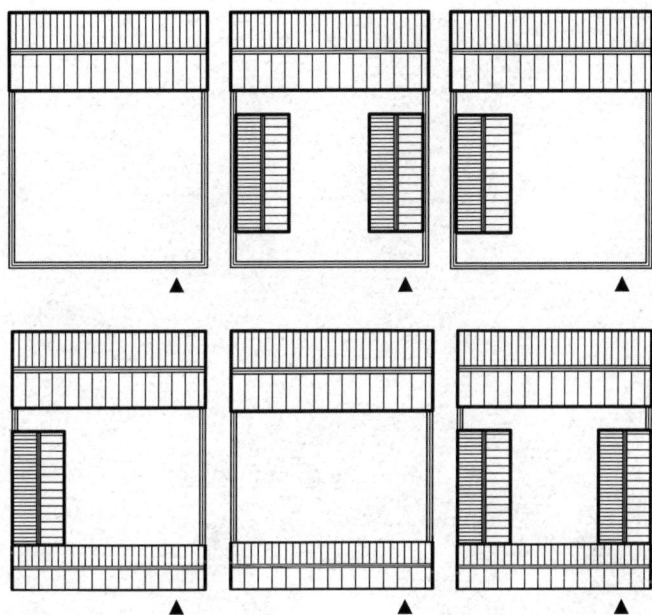

图6-45　吉家营村院落形式
（作者改绘，底图引自《吉家营村住宅的传承与更新研究》）

传承与创新：
古北水镇传统聚落
风貌特色营造探索

司马台村隶属于北京市密云区古北口镇，地处司马台长城脚下。为充分发挥长城的旅游资源优势，带动经济发展，从1978年开始兴办长城旅游产业。经过全镇上下共同努力，司马台景区已成为国内外知名的旅游景区。随着旅游产业的发展步伐加快、市场竞争加剧，特别是京承高速开通后，司马台村作为旅游接待基地，其基础设施和接待能力已远不能适应旅游发展的需要。2010年3月，密云县（2015年撤县设区）人民政府决定由中青旅控股有限公司与古北口镇人民政府等联合，利用司马台村的部分用地建设北京密云"古北水镇"项目，旨在对司马台景区实施全面的环境整治与综合改造，实施传统聚落空间的传承与再造工程，从而在保护好司马台长城等文化遗产资源的同时，更好地满足司马台长城旅游产业可持续发展的需求。古北水镇自2014年开业至今，来自全国乃至世界各地的旅客络绎不绝，已成为京郊主要的休闲旅游度假目的地。

作者自2010年4月开始，受古北口镇人民政府和古北水镇旅游公司的委托，先后主持承担了古北口镇司马台新村规划、古北水镇控制性详细规划以及与之相关的环境综合整治规划、传统民居改造设计等多个规划设计项目。2012年，"古北水镇"被列为作者承担的"十二五"国家科技支撑计划示范项目，重点开展传统民居聚落风貌特色保护与传承的研究与示范。本章结合古北水镇项目，重点对传统聚落风貌特色的营造路径、方法等进行总结，并结合建成及运行情况，对当前乡村聚落保护与传承提出意见与建议。

7.1 规划设计概述

7.1.1 用地现状及特点

古北水镇位于北京市密云区东北部的古北口镇司马台长城脚下，地处北京与河北省交界处，距离北京市区约140公里，距密云城区约60公里。北口自古以雄险著称，有着优越的军事地理位置，《密云县志》上描述古北口是"京师北控边塞，顺天所属以松亭、古北口、居庸三关为总要，而古北为尤冲。"古北口以其独特的军事文化吸引了无数文人雅士在此留下诸多名文佳句；更有康熙、乾隆皇帝多次赞颂，以"地扼襟喉趋朔漠[1]，

---

[1] 逆漠，原指北方沙漠地带，在此指内蒙古高原。

天留锁钥枕雄关①"来称颂它地势的险峻与重要。

古北水镇所在之处原为司马台村用地。司马台村地处司马台长城脚下，其用地较为分散，全村由8个自然村（生产队）组成，整体呈带状分布，其中1~5生产队相对集中在司马台长城人口附近；6~8生产队则主要分布在马北路和汤河沿线，距离司马台长城西北方向约两公里处。根据统一规划，将司马台村1~5生产队整体搬迁至6~8生产队的用地，并集中规划建设司马台新村，而将1~5生产队的用地整体用于古北水镇项目的建设。

古北水镇拥有良好的自然与人文资源。司马台长城始建于明洪武初年（1370年），之后经过隆庆、万历年间重修加固而成。司马台长城全长5.7公里，东起望京楼，西至后川口，共有36座敌楼，是万里长城中敌楼比较稠密的一段。司马台长城以其险要的地理位置，惊、险、奇、特的风格，以及古朴的长城风貌，在国际旅游市场享有较高知名度，深受海外游客的欢迎。1987年司马台长城被列入世界遗产名录，被联合国教科文组织确定为"原始长城"，属国家重点文物保护单位。中国古建筑专家、中国长城学会副会长罗哲文教授评价"中国长城是世界之最，而司马台长城又堪称中国长城之最"（图7-1）；2012年被英国《泰晤士报》评为"全球不容错过的25处风景之首"。司马台长城另一得天独厚之处在于它是"有水的长城"，在司马台长城的中段，是南北长六七百米、蓄水量达五万立方米的司马台水库，长城从两面山上飞奔而来，如巨龙饮水，气势非凡。水库下游为小汤河，小汤河由北向南贯穿整个古北水镇。小汤河两岸及其山体植被基础较好，这个山水浑然一体的自然环境造就了"水镇"的原生环境。

北齐长城司马台段为司马台长城景区的主体部分，其遗址位于司马台长城中段内侧的南面300米处。历史上的北齐长城始建于公元550年，全长20公里，构成古北口的第二道军事防线。1569年，明朝将领戚继光在修复古北口长城时，在墙外贴长城墙砖，保留了这段长城，这是唯一一处保留明代原貌的长城。

司马台营城与长城司马台段同期建造，是长城司马台段防御系统的重要组成部分。古时，可以驻扎相当数量的士兵及官员，为数座关隘提供战时救援。明万历四年（1576年）以后，营城成为提调官和司马台守备公署的所在地。至今仍可见残存的城门、城墙和影壁（图7-2）。

---

① 雄关，这里指山海关。

图7-1 古北口镇司马台长城

图7-2 古北口镇司马台营城城门

7.1.2 目标定位与空间布局

古北水镇项目基于该地的独特地理环境和人文历史背景，秉承"一流的长城、一流的保护、一流的开发"理念；坚持"保护第一，合理开发；整体策划，动态发展；塑造精品，永续利用"的原则。提出的项目设计理念和总体定位是：在依法对长城进行保护的基础上，以古北口和司马台长城的历史文化与遗存作为宏大的背景资源，系统展示北京乃至北方的地域民俗文化、古长城文化以及北方民居建筑文化，集观光游览、休闲度假、商务会展、文化创意功能为一体，具备历史和文化展示，体验燕北长城、古北口、北方"水乡"等历史人文和自然景观的多功能、高品质的综合区域。依托自然山水环境，将整个区域规划为汤河古寨区、水街历史风情区、卧龙堡民俗文化区等功能区域（图7-3、图7-4）。

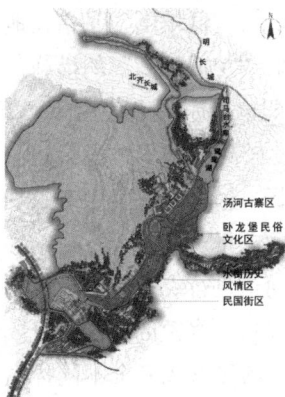

图7-3 古北水镇空间规划总图

图7-4 古北水镇鸟瞰图[①]

7.2 风貌特色营造策略与成效

传统聚落风貌特色的保护、传承与创新，一直是传统聚落研究的重要内容之一，也是乡村振兴背景下，解决传统村落保护与发展的关系所需关注的重点与难点。作者以多年来所从事的传统村落保护与利用研究为基础，利用承担古北水镇项目规划设计的契机，对传统聚落风貌特色保护传承的具体策略进行了初步探索。

7.2.1 环境整治，构建"水镇"空间格局

古北水镇项目的核心是"水"，水的主要来源是司马台水库和小汤河。为了切实塑造"水镇"的特色，首先就是要对小汤河的水环境进行整治。小汤河作为司马台地区的一条季节性河流，长期受到洪水侵蚀，一方面因河床多年被泥沙淤塞，河道变窄，严重影响了雨季的泄洪能力；另一方面，河道两岸长期处于无人维护的状态，枯水季节流经司马台村的河段，其两岸垃圾成堆，不但水体本身遭受污染，而且严重影响了古北水镇的环境质量（图7-5）。

根据汤河环境现状及所存在的问题，结合"水镇"规划的目标定位，提出汤河环境整治的基本思路是"上蓄截、中疏、下泄、低填围"。其中，"上蓄截"是指利用水库蓄洪补枯，削减洪水；"截"是指将山洪导引入渠及水库，避免山洪直接侵入平原；"中疏"是指拓宽、疏浚河道，既增强河道的排洪涝能力，又增加河道的可供水量，改善水

---

① 该图由古北水镇管理部门提供。

环境；"下泄"是指增加下游的排涝出口及泄水量；"低填围"是指在地势低洼、难以改造的区域及局部地面沉降区采取"挖低填高"的措施，将低洼地挖成湖泊，利用挖出的土填高部分居住、旅游服务用地，以免其受洪涝影响；"围"是指在低洼且建筑密度较高的繁华地段，建包围，围圩电排。通过环境整治，以达到河流通畅、河岸整齐、生态景观良好的效果，把小汤河打造成古北水镇一道亮丽的景观线。

汤河的整治内容包括两部分。一是对原有河道进行综合整治。根据地形高差，由司马台水库大坝开始，向下将流经古北水镇的小汤河分成三段，分别建跌水坝（图7-6、图7-7），使整个汤河形成三个不同标高的水面。三个水坝的建设，使小汤河河道水面得以扩大。同时，根据河道两岸的地形特征，分别采取了不同的驳岸处理方式，即自然驳岸、人工砌筑的驳岸以及与建筑结合的驳岸等；在有效提升河道蓄水及排洪能力的同时，形成了丰富的河道景观（图7-8）。

图7-5 整治前流经司马台村的小汤河

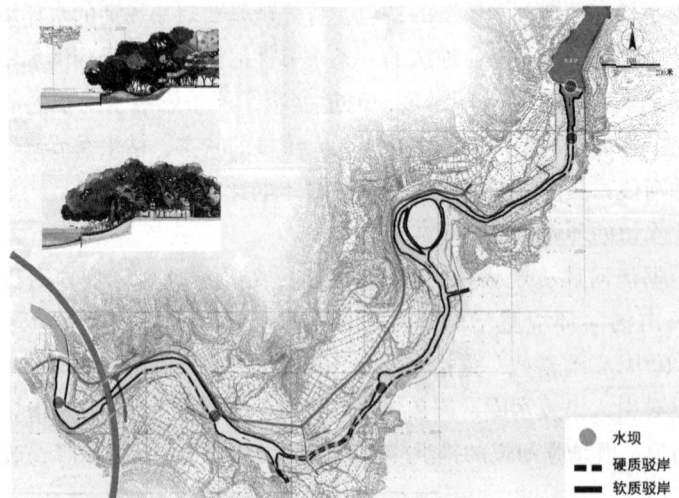

图7-6 汤河水系整治及水坝位置平面图

图7-7　整治后的跌水坝现状

图7-8　整治后的主河道及驳岸景观

　　二是利用小汤河水位的提高，在河道的一侧，利用原有地形起伏等，经过适当挖、填，重新构建一两条与小汤河主河道平行的次河道，为"水镇"的打造奠定了基础（图7-9、图7-10）。

7.2.2　因地制宜，延续传统街巷空间肌理

　　北京古村落街巷空间的特色主要体现在街巷的平面形态和空间结构等方面。由于村落形成的自发性，街巷的平面形式等并非是提前规划的，而是伴随着两侧建筑的建造逐步形成的。尤其是对于山地古村落，其街巷的布局、尺度、结构等的形成，更多地是由地形与环境等客观条件决定的，其建设是随着村落的发展而不断完善的。

图7-9 水街历史风情区平面图

图7-10 水街历史风情区次河道景观

古北水镇的规划建设，是经过统一规划并在较短时间内集中建成的，与古村落的形成方式完全不同。如何很好地再造北京古村落的街巷空间特色，将古村落街巷空间的内在规律在古北水镇中加以传承和再现，是规划的重要任务之一。

古北水镇的规划设计利用地形与水系，构建主次分明的道路骨架。

首先，对用地现状进行了详细分析与评价，根据用地的高差变化和地质等情况，确定主要街巷的布局走向和水系分布，形成主次分明的道路系统。如汤河古寨区，用地现状为小汤河岸边的河滩地，规划利用原有地形与水系，将用地划分成七个不同高程和功能的组团空间，其间由主街或巷道进行分隔，构成汤河古寨区的道路骨架（图7-11）。再如水街历史风情区，由主河道与两条次河道划分出商业主街、居住区域等不同功能区，再依据地形高差变化等构建了"二纵三横"的街巷空间格局（图7-12）。

其次，通过合院的灵活布局，塑造古村落街巷的空间特色。

古北水镇以北方合院式民居为原型，结合使用功能的变化和用地现状特征，因地制宜，通过规划布置多个规模、大小、形状不一的合院建筑，形成了良好的街巷空间肌理与景观效果（图7-13）。

比如汤河古寨区，根据道路骨架所限定的功能区域的大小及地形地貌特征，分别布置了规模不等的合院式建筑，并利用水街西侧的自然地形高差，因地制宜地塑造了位于不同标高层面的多个院落组团空间，形成了具

图7-11　汤河古寨区的道路骨架

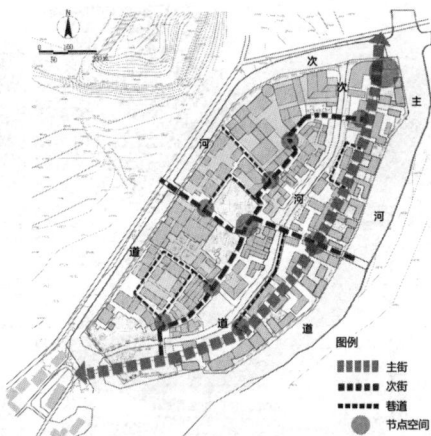

图7-12　水街历史风情区街巷空间结构

（a）主街的尺度（D/H=1.2~2.0）

（b）次街的尺度（D/H=0.5~1.0）

图7-13　街巷空间尺度分析图

有北方特色的山地民居景观（图7-14）。再如水街历史风情区，在"二纵三横"街巷空间格局内，将不同大小与功能的合院空间以多种方式进行组合，具体街巷的宽度则根据两侧建筑的高度来确定，并尽可能与北京古村落中街巷的宽高比取得一致。最终形成的街巷空间曲折有致、丰富多变，门前空间、转折及节点空间等收放自如、亲切宜人（图7-15）。卧

图7-14 汤河古寨区空间景观

图7-15 水街历史风情区空间景观

北京古村落空间解析及其应用研究

龙堡民俗文化区则是利用自然山体和台地，灵活布置了英华书院等多个山地合院建筑，形成了独特的北方山地民居聚落景观（图7-16）。

古北水镇最终形成的街巷空间肌理与北京爨底下、沿河城、灵水等典型古村落的街巷空间肌理具有较大的相似性（图7-17）。

图7-16 卧龙堡民俗文化区空间景观

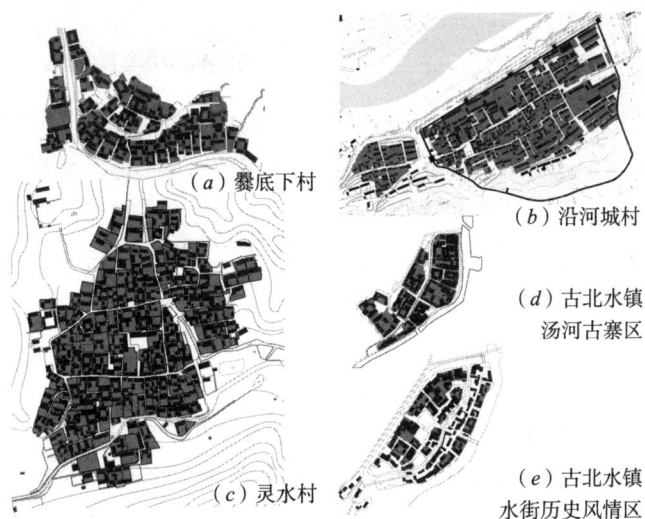

（a）爨底下村

（b）沿河城村

（d）古北水镇
汤河古寨区

（c）灵水村

（e）古北水镇
水街历史风情区

图7-17 街巷空间肌理对比图

7.2.3 灵活多变，传承合院民居特色

院落空间是古村落中最基本的居住单元。古北水镇整体以北方传统合院民居为原型进行规划建设。但与古村落相比，此处合院民居的使用对象已经发生了变化，即由长期居住的村民转变为临时居住的游客。在传承古村落院落空间格局的同时，满足现代旅游发展需求，是院落空间布局与设计的重点和难点。

1. 注重对原型的重复与变异

古村落房屋建造的一个突出特点是同化现象，即院落布局方式存在很大的相似性；但同时，由于每一户村民的宅基条件、功能要求、经济实力等的不同，又使得每一户的院落空间与其他的有所不同，即院落之间又存在一定的"变异"。最终形成整体协调统一而又内容丰富、特色鲜明的古村落空间形态与景观（图7-18）。古北水镇的院落空间就是遵循这个原则，将院落空间的不断重复作为规划设计的基本原则；同时，密切结合场地的大小、

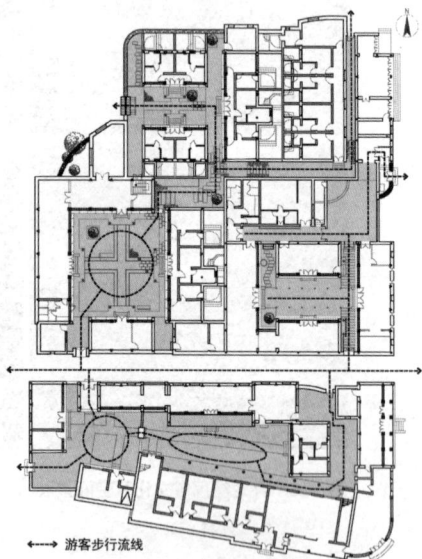

← → 游客步行流线

图7-18 汤河古寨区民宿客栈平面图

形状等自然条件，根据院落功能的不同，因地制宜地调整、优化院落空间的布局、朝向及房屋大小等，最终形成了如司马小烧、永顺染坊、英华书院、杨无敌祠、震远镖局、八旗会馆等三十多个规模、大小各异的院落空间，构筑了原型统一、布局多样、丰富多彩的院落空间形态，较好地实现了对传统院落空间的传承与再造（图7-19）。

2. 注重适应性设计

与古村落院落空间的功能相比，古北水镇院落空间的最大不同是建筑的功能与使用者的多样性。为此，在保证院落空间原型的基础上，遵循"外古内今"的原则，各个合院根据所承担的功能不同，而采取了灵活多变的方式，来提高合院建筑的适应性，以更好地满足不同的功能需求。

(a) 永顺染坊 (b) 司马小烧 (c) 英华书院

(d) 杨无敌祠 (e) 震远镖局 (f) 八旗会馆

(g) 八旗客栈 (h) 雁门客栈

图7-19 布局多样、丰富多彩的院落空间

（1）住宿功能

住宿功能是古北水镇的基本功能之一，古北水镇的住宿接待功能主要布置在汤河古寨区，如雁门客栈、镖局客栈等。每处民宿区域都由多个院落空间组合而成，各院落空间由外部地形道路联系成组团。与传统院落空间的私密内向相比，民宿功能的院落空间有其独特的开放性。这是由于传统院落空间的使用者多以家庭为对象，而民宿型院落则以住客为主要使用对象。这使得民宿院落空间需要合理规划出相应的开放性区域和私密性区域。雁门客栈由东西两处院落串联而成，西侧主要功能为房东房、设备间及接待房，所以西侧的中心院落开放性较强；从院落空间的使用情况看，多数游客在办理入住或者问讯时，多驻足在西侧院。而相比较之下东侧院落为对内的餐厅与客房，东侧院落的停留人数也较少，住客的私密性得到了保障（图7-20）。

在院落空间保持传统格局与建筑形制的同时，作为客房的室内空间设计则按照现代生活的需要，设置各种功能空间和设施，并将屋后空地分隔成相对独立的封闭空间，设置独立的露天温泉等（图7-21）。同时，基于游人参观游览的需要，设计中打破古村落院落空间的独立性，

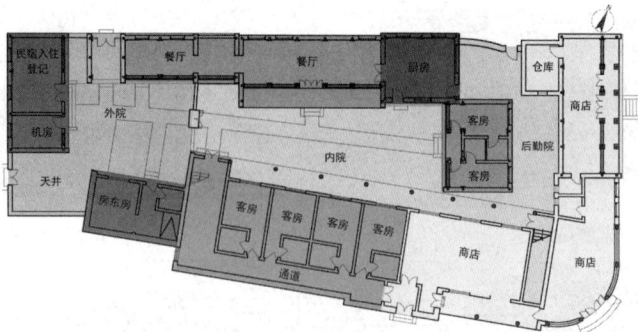

图7-20 雁门客栈空间分析图

图7-21 段家大院的室内温泉和露天温泉

每个院落空间除由大门进入之外，往往根据其与周边院落之间的关系，采取设小门或过道等方式，实现与周边院落的联系。在方便游客参观游览的同时，增强了院落空间的连续性和秩序感（图7-22、图7-23）。

（2）商业功能

餐饮购物等商业服务设施是古北水镇必须具备的基本功能。古村落中的商业服务设施，一般利用临街合院建筑的倒座或厢房向外敞开，做成铺面房，主要用于简单的生活日用品交易，建筑规模也较小。古北水镇作为旅游目的地，餐饮等商业功能是其主要职能，如何使传统合院空间与现代功能相适应，是古北水镇院落空间设计的又一重点和难点。如汤河古寨区的烧肉馆就是在传统院落空间结构的基础上，由居住功能转变为餐饮功能。设计利用现状用地，通过两处重点庭院的设置，将餐饮区、加工区等区域加以划分。餐饮功能沿主轴线布置，并通过主次房屋的大小不同，分别划分出散客、团餐等不同的就餐区域。将加工等功能区设在整个建筑的一侧，由庭院作为分隔；同时，中心院落改为室外用餐区。建筑周边开窗比传统民居适当增加（图7-24）。

古北水镇的商业建筑设施，在延续古村落简单铺面房的同时，考虑游客的实际需要，往往将购物与展览展示等功能加以整合。这类建筑的

图7-22　客栈联系外部的院落、游廊

图7-23　不同客栈入口处的小门

院落空间通常作为人流集散的活动空间，来自不同标高层面和不同疏散出入口的人群在这里集中和分散。所以，这类院落空间一般比传统民居院落的尺度要大一些。

（3）展示功能

古北水镇依托司马台长城及司马台村而建，司马台长城及古北口的历史文化是古北水镇重要的旅游资源，如何挖掘并通过合理的规划布局进行宣传、展示与传承等，是占北水镇规划建设的又一个重点。

在规划中，根据不同的功能区域定位，分别布局了震远镖局、司马小烧、杨无敌祠、英华书院、八旗会馆等展览展示空间。展示型院落空间的序列性，常以院落空间的串联或并联为组织方式，呈现出层次丰富的空间变化。这种院落空间的秩序性，与传统院落空间有较大的不同。如震远镖局，是以展示镖局历史文化为主题的展示型院落。传统院落空间在院落内部呈现轴向的序列，而震远镖局的规划设计打破了独立院落的私密内向性。四进院落与东侧跨院串联，以参观路线为引导，组织院落序列，在参观路线上增设多处出入口，方便游客疏散。对于游客来说，串联的院落空间所形成的参观序列对游览具有很好的引导作用（图7-25）。再如司马小烧酒坊，规划充分利用现状地形高差，设置下

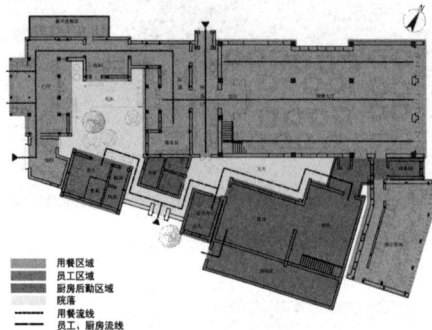

图7-24　烧肉馆空间分析图

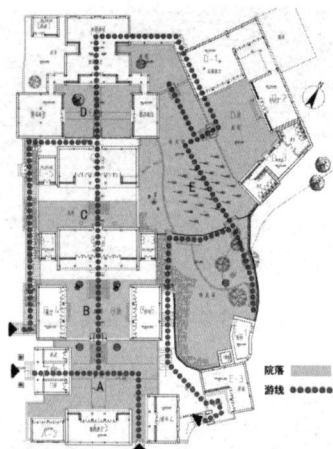

图7-25　震远镖局院落布局及参观路线

图7-26　司马小烧地下一层酿酒作坊

沉式庭院，用于宣传展示酿酒工具与设施。建筑分为地上、地下两层，地上一层是商铺，用于销售与休息；地下一层是酿酒作坊，用于系统展示酿酒流程（图7-26）。

7.2.4　就地取材，体现地域风貌特色

　　建筑材料是影响建筑风貌、体现地域特色的重要因素。古代人受自然地理以及交通运输条件的制约，远距离取材既不经济，也不现实，因此就地取材成为各地营造活动的普遍选材方式，北京古村落同样如此。也正因为如此，才形成了北京古村落自身的风貌特色。古北水镇的规划建设，从建筑、设施到铺装、小品等，对材料的选择与使用均给予了高度重视，项目组以因地制宜、就地取材为基本原则，同时对司马台营城及司马台村的传统民居建筑进行了现状调研与分析。其中，对其建筑用

材和色彩等进行了解析（图7-27、图7-28），最后确定古北水镇主要使用传统的木材、石材和砖，整体色调以灰色为主，与长城及周边环境协调融洽，凸显北方民居聚落自然古朴的风貌特征。具体的街巷界面材料以砖、石为主，尺度宜人，为整个街巷系统打造自然亲和之感；在建筑上，外墙、屋顶等对村落风貌特色影响较大的部分全部使用传统建筑材料，室内则根据建筑功能，适当选用了现代材料（图7-29）。

在坚持就地取材，延续当地建造传统的同时，为了更好地体现北方民居的风格，建设单位从北京及附近河北地区收购了大量传统民居拆迁产生的废旧砖瓦、木材等，将其巧妙地运用于古北水镇的建筑及环境营造上，取得了良好的效果（图7-30）。如八旗会馆的木柱、梁架、门窗、木雕饰等建筑材料就是旧建筑拆迁获得的，带有精美雕刻的木构件，经保养修缮后安装在八旗会馆的主要建筑上，营造了浓厚的历史气息（图7-31）。

北京古村落民居及环境中的雕饰、彩绘及小品设施等，无不从细节上彰显出地域建筑特色和文化内涵，从而成为北京古村落风貌特色构成中不可或缺的要素。古北水镇的风貌特色营造，同样非常注重利用各种装饰、小品设施等来丰富环境景观、强化地域特色（图7-32）。

司马台村一队张建明家原貌 司马台村二队王德勒家原貌
二队王生贤家原貌 四队后川李顺家原貌
七队王振芳民居原貌1 七队王振芳民居原貌2

图7-27 司马台营城内的建筑风貌

图7-28　司马台建筑材料与色彩提取

图7-29　古北水镇建筑及街巷界面就地取材

图7-30　古北水镇建筑风貌延续北方民居风格

图7-31　八旗会馆的精美木雕

图7-32 古北水镇的各种环境小品及装饰

7.3 风貌特色传承与创新的启示

我国传统文化根植在农村，根植在蕴含和承载着文化遗产的乡村聚落之中。农耕文明乃中华文明之源、中华文明之本，保护好农耕文明这一历史文化遗产意义深远、责任重大。对于乡村聚落的保护与发展问题，当前的核心任务就是在确保村民生产生活条件不断改善的前提下，探索实现其风貌特色保护与传承的有效路径和方法。我国人口多、地域广，不同的民族和地域文化形成了不同的乡村聚落类型，其保护传承与再生的途径和方法也应是多种多样的。作者利用古北水镇规划建设的契机，基于自己多年从事传统村落保护发展研究的经验，重点从规划、设计及选材等几个方面对乡村聚落风貌特色的保护传承与创新路径进行了探索与尝试。古北水镇作为一个旅游目的地，可以说是规划设计、资本投入和政策保障共同作用下的时代产物。从近10年的运营情况看，它较好地实现了规划的既定目标。古北水镇目前已经成为北京乃至京津冀地区主要的旅游目的地之一。现结合古北水镇项目，就传统乡村聚落的保护传承与创新谈几点体会。

7.3.1 尊重自然、因地制宜，是传统乡村聚落风貌特色再造的基本原则

古北水镇所在之处原为司马台村1～5生产队用地，此地除少量居住用地之外，主要为山间台地、荒地及小汤河沿岸的滩涂地等，规划充分

遵循因地制宜等传统聚落的选址与营建理念，利用原有的地形地貌及水体，在实施环境综合整治的同时，规划布置街巷空间，并通过规模不等的合院建筑布局，构建了古北水镇良好的风貌特色。在建设过程中，每一条街巷的形成、每一个院落的规模大小、大门朝向等，均依据规划并根据现场的实际情况作灵活调整。

古北水镇整体呈西南-东北走向、带状分布，沿着水系走向的带状轴线，分别以十处小型展示馆作为轴线上的主要节点空间，以十多处传统工艺互动体验商铺作为次要节点，各种形态高低起伏的小桥穿插于其中，造就了古北水镇空间的起承转合、主次分明、步移景异。

传统乡村聚落多是在不断适应自然的漫长过程中逐步形成的，在对其进行保护利用的过程中，必须充分尊重聚落现有的自然与人文环境，遵循因地制宜的原则。其保护规划的编制应将村落周边的山、水、林、田等自然要素列为保护对象，统筹考虑。在公共空间、民居建筑以及环境设施的更新改造中，大到空间布局，小到一步台阶，都应充分依据现状，传承地方传统工艺，避免简单套用标准规范，整齐划一，出现建设性破坏。

7.3.2 街巷空间是乡村聚落风貌特色构成的决定性要素

古北水镇的规划建设，在因地制宜，充分利用自然地形地貌特征的同时，借鉴北方传统村落街巷空间的布局结构与比例尺度，通过对规模不等的合院民居加以组合，形成了多个具有北方古村落风貌特色的组团。通过对建成后古北水镇的街巷肌理、风貌特色进行评估分析，并与北京周边古村落加以对比，发现街巷空间的布局结构、比例尺度等对乡村聚落风貌的营造具有决定性作用。对于乡村聚落的保护，首要的是要保护其街巷的结构与肌理，街巷空间一旦被改变，会导致整个聚落风貌特色的改变。当前，传统乡村聚落中街巷空间在满足村民生产生活需求方面可能存在诸多问题，尤其是近年来随着农村车辆的增多，传统的街巷空间多数已经不能满足车辆通行的需要。同时，在村落基础设施增设或改造提升的过程中，现有街巷空间也往往无法满足水、电、气、暖等的敷设要求。正确处理街巷空间保护与村民生产生活需求之间的矛盾是乡村聚落保护中面临的重要问题之一。例如，采取单向循环、利用废弃空间设置停车场等就是解决交通问题的可行途径；通过技术创新来解决狭窄街巷空间的管道敷设问题等。

古北水镇以北方合院民居作为基本构成单元，根据现状地形特点，通过灵活布局，构成了古北水镇不同的功能组团；正是这些规模不等又基本相似的合院与建筑，形成了古北水镇丰富多彩的传统聚落风貌特色。

通过这个项目，我们深刻地认识到，在对古村落实施保护的过程中，尽可能保持原有院落空间的稳定性，将原有院落空间作为村落更新改造的基本单元，在此基础上进行翻建、重建或新建等，是保持古村落风貌特色的有效途径。

7.3.3　基础设施是乡村聚落实现可持续发展的重要因素

古北水镇将给水排水、电力电信、消防以及污水处理等基础设施均列为规划建设的重点，规划建设了全长1.8公里、宽2.6米、高2.5米的综合管廊，包括供水、供电、供暖、消防、弱电五大类管线。区内设有集中的污水处理设施和供暖设施，给水达到直饮水标准，民宿内的装修、设施达到星级酒店的标准，很好地满足了现代人的居住生活需要。一流的基础设施是古北水镇能够成功运营的一个重要因素。

近十几年来，国家高度重视传统村落的保护与发展，从政策到资金都给予了重点支持，使得其基础设施水平有了很大的改善。但随着农村经济的发展和村民生活水平的不断提升，村民对村落基础设施的要求也越来越高，现有的基础设施很多仍然不能满足村民的需要。调查发现，部分乡村聚落变为"空心村"的重要原因就是基础设施太差，垃圾、污水缺少必要的治理，消防、防洪等防灾设施缺乏，大量传统民居建筑不够宜居等。因此，基础设施更新和人居环境改善仍然是乡村聚落保护与发展的基础。尤其是当前，国家对历史文化遗产保护工作越来越重视，各地都在充分挖掘和利用乡村聚落所拥有的乡土文化遗产，开展多途径的保护利用工作。从住房和城乡建设部实施的传统村落集中连片保护利用示范县（市）的经验来看，利用传统村落所拥有的丰富自然与人文资源，实施文旅融合，发展民俗旅游产业，是乡村聚落保护利用的重要途径之一。如何在保护好村落乡土风貌特色的同时，提高其基础设施的服务水平，既满足村民的生产生活需求，也能够为外来人口提供舒适的居住和休闲活动设施，是留住游客并实现村民增收的重要途径。

7.3.4　优秀传统文化的保护传承是实现乡村聚落可持续发展的灵魂

司马台长城的文化遗产赋予了古北水镇独特性和稀缺性，同时为了更好地体现司马台及古北口地区的历史、文化，古北水镇项目对与长城及古北口有关的历史事件、英雄人物、军屯文化、商贸文化、八旗文化、宗教文化以及民风民俗进行了深入挖掘，建设了十余处小型民俗文化展示馆，用物质空间来活态呈现历史文化，力争打造一个集山、水、城、堡、寨、屯于一体的长城文化小镇。古北水镇还通过商业形式呈现北京乃至北方传统文化，设置了皮影店、花灯铺、金鱼工坊等十多处体验商铺；聘请非遗传承人展示手工艺品的制作过程，通过互动体验，以物质空间为媒介，强化了历史文化的可感知性和可参与性。表演活动也是文化空间再造的一个重要内容，如民间杂技、评剧、京东大鼓、民俗庙会等表演活动，将古北水镇的文化空间聚焦于京郊边关文化和老北京传统文化；通过表演演绎，增强文化的生动性，使游客产生文化共鸣和认同，使得地域文化被口口相传，经久不衰。此外，古北水镇还结合北方冬季特点，举办冰雕节、冬季庙会、民俗热炕节等北方特有的民俗活动，再现了北方人民冬天的生活场景，将季节对旅游的限制性转化为文化展示的旅游优势。在古北水镇近十年的成功运营中，对优秀传统文化的保护与传承发挥了重要作用。

当前对乡村聚落的保护传承，在保护村落空间格局、风貌特色及建筑设施等物质性要素的同时，应将当地的生产生活方式、民俗节日等非物质文化遗产列为保护对象，进行重点保护。首先，是对地域非物质文化遗产资源的挖掘。传统聚落中的非物质文化遗产既有节庆、祭祀、山歌，也有传统手工艺和营造技艺等，它记录并承载着各民族的独特文化，也体现了人民对美好生活的追求。比如通过实施传统村落保护工程，挖掘、传承、发展了3380项省级及以上非物质文化遗产。其次，是根据当地实际制定相应的保护措施。在2021年中共中央办公厅和国务院办公厅印发的《关于进一步加强非物质文化遗产保护工作的意见》中就明确要求要保护好、传承好、利用好非物质文化遗产，并提出完善调查记录体系、代表性项目制度、代表性传承人制度，以及区域性整体保护制度等一系列举措。各地也在实践中总结积累成功的经验和做法，比如发挥非物质文化遗产的经济价值，将非遗与乡村振兴有机结合，用非遗引领和发展乡村文化产业，通过"非遗+产业"模式，实施"非遗+文旅""非遗+电商"等，推动乡村经济的高质量发展；发挥非遗的艺术与历史文化价值，开展非遗文化教育和传承人培训，增强乡村的文化认同感和凝聚力。非遗最大的特点是依托人有意识的选择与学习而存在，是民族个性和审美习惯"活"的展现。同时，非遗往往以声音、形象和技艺等为表现手段，以口传心授为延续方式，是完全的"活态文化"；因此，非遗传承人的保护与培训也是非遗保护的重点。

一个乡村聚落就是一个承载中华民族基因的社会单元。当前,在实施乡村聚落保护利用的过程中,在做好传统乡村聚落物质空间保护的同时,更应当高度关注非物质文化遗产的保护与传承。物质文化遗产是载体,非物质文化遗产是灵魂,两者相互依存、相互影响、缺一不可。

7.3.5 留住原住民是实现乡村聚落可持续发展的根本

古北水镇依托司马台长城等人文与自然资源,通过传统聚落风貌特色的营造、地域文化特色的植入、高品质服务设施的建设以及高水平的统一运营管理,实现了既定的建设目标,成功打造了一个集观光游览、休闲度假、文化创意功能于一体,具备历史和文化展示功能,体验燕北长城、古北口、北方"水乡"等历史人文和自然景观的多功能旅游目的地。但是,古北水镇所在地的原住民被统一迁至司马台新村,使得游客成为古北水镇的新"村民"。这种社区重构有效避免了原住民与游客之间的矛盾,但同时也使得古北水镇缺少了"烟火气",失去了乡村聚落原本的功能和价值。比如新冠疫情期间,古北水镇开门营业的时长以及收益均受到严重影响,缺乏产业支撑的问题也日益凸显。因此,从乡村聚落保护与发展的角度来看,古北水镇的开发建设模式并不具有普遍的推广价值。同时,通过古北水镇,我们也更加深切地体会到,原住民及产业发展对于传统村落保护发展的重要性。对于当下实施的传统村落保护工程,首要的是保护原住民。住房和城乡建设部提出传统村落保护的主要目标是"留住乡亲、护住乡土和记住乡愁",排在首位的是留住人,原住民是村落文化的创造者和承载者。他们不仅传承了村落特有的民俗、信仰、技艺等文化遗产,而且真正理解这些文化遗产的意义与价值。只有留住原住民,并通过挖掘村落现有的历史文化资源,盘活村落闲置房舍等,选择并发展特色产业,为村民创造更多的就业和增收机会,才能实现村落的可持续发展。

参考文献

[1] 延庆县志编纂委员会. 延庆县志［M］. 北京：北京出版社，2006.

[2] 尹钧科. 北京郊区村落发展史［M］. 北京：北京大学出版社，2001.

[3] 业祖润，等. 北京古山村：川底下［M］. 北京：中国建筑工业出版社，1999.

[4] 侯仁之. 北京城的生命印记［M］. 北京：生活·读书·新知三联书店，2009.

[5] 侯仁之，邓辉. 北京城的起源与变迁：京华博览丛书［M］. 北京：中国书店，2001.

[6] 刘沛林. 古村落：和谐的人聚空间［M］. 上海：上海三联书店，1997.

[7] 段进，龚恺，陈晓东，等. 空间研究1：世界文化遗产西递古村落空间解析［M］. 南京：东南大学出版社，2006.

[8] 侯仁之. 北京历史地图集：人文社会卷［M］. 北京：文津出版社，2013.

[9] 侯仁之. 北京历史地图集：政区城市卷［M］. 北京：文津出版社，2013.

[10] 侯仁之. 北京历史地图集：文化生态卷［M］. 北京：文津出版社，2013.

[11] 孙大章. 中国民居研究［M］. 北京：中国建筑工业出版社，2004.

[12] 薛凤旋，刘欣葵. 北京：由传统国都到中国式世界城市［M］. 北京：社会科学文献出版社，2014.

[13] 王玲. 北京与周围城市关系史［M］. 北京：北京燕山出版社，1988.

[14] 王其亨. 风水理论研究［M］. 天津：天津大学出版社，1998.

[15] 段炳仁. 张家湾：北京地方志·古镇图志丛书［M］. 北京：北京出版社，2010.

[16] 段炳仁. 古北口：北京地方志·古镇图志丛书［M］. 北京：北京出版社，2010.

[17] 段炳仁. 南口：北京地方志·古镇图志丛书［M］. 北京：北京出版社，2010.

[18] 戚本超. 北京历史文化研究［M］. 北京：北京燕山出版社，2007.

[19] 戚本超. 整合北京山区历史文化资源研究［M］. 北京：北京燕山出版社，2007.

[20] 张仁思. 北京史［M］. 北京：北京大学出版社，2009.

[21] 王越. 明代北京城市形态与功能演变［M］. 广州：华南理工大学出版社，2016.

[22] 侯仁之. 北平历史地理 [M]. 邓辉，申雨平，毛怡，译. 北京：外语教学与研究出版社，2014.

[23] 业祖润. 北京民居：中国民居建筑丛书 [M]. 北京：中国建筑工业出版，2009.

[24] 薛林平，等. 北京传统村落：中国传统村落 第1辑 [M]. 北京：中国建筑工业出版社，2015.

[25] 北京市农业农村局. 北京传统村落（第一批）[M]. 北京：中国建筑工业出版社，2019.

[26] 王岗. 北京历史文化资源调研报告集：北京社科院"社科书系" [M]. 北京：中国经济出版社，2013.

[27] 彭一刚. 传统村镇聚落景观分析 [M]. 北京：中国建筑工业出版社，1992.

[28] 白吕纳. 人地学原理 [M]. 任美锷，李旭旦，译. 南京：钟山书局，1935.

[29] 单德启. 从传统民居到地区建筑 [M]. 北京：中国建材工业出版社，2004.

[30] 侯仁之. 北京历史地图集 [M]. 北京：北京出版社，1988.

[31] 梁思永. 梁思永考古论文集 [M]. 北京：科学出版社，1959.

[32] 侯仁之，金涛. 北京史话 [M]. 上海：上海人民出版社，1980.

[33] 韩光辉. 北京历史人口地理 [M]. 北京：北京大学出版社，1996.

[34] 金其铭. 中国农村聚落地理 [M]. 南京：江苏科技出版社，1989.

[35] 费孝通. 江村经济 [M]. 南京：江苏人民出版社，1986.

[36] 北京门头沟村落文化志编委会. 北京门头沟村落文化志 [M]. 北京：北京燕山出版社，2008.

[37] 曹子西. 北京通史 [M]. 北京：中国书店出版社，1994.

[38] 赵之枫. 传统村镇聚落空间解析 [M]. 北京：中国建筑工业出版社，2015.

[39] 吴建雍，等. 北京城市发展史 [M]. 北京：北京燕山出版社，2008.

[40] 尹钧科. 北京建置沿革史：北京专史集成 [M]. 北京：人民出版社，2008.

[41] 李先逵. 四川民居 [M]. 北京：中国建筑工业出版社，2009.

[42] 孙克勤，宋官雅，孙博. 探访京西古村落：中国历史文化名村 [M]. 北京：中国画报出版社，2006.

[43] 贺业钜. 中国古代城市规划史 [M]. 北京：中国建筑工业出版社，1996.

[44] 藤井明. 聚落探访 [M]. 宁晶，译. 北京：中国建筑工业出版社，2003.

[45] 昌平县志编纂委员会. 昌平县志 [M]. 北京：北京出版社，2007.

[46] 张大玉，王爱恒. 旅游背景下的院落空间设计 [J]. 北京规划建设，2013（3）：97-100.

[47] 韩光辉，尹钧科. 北京城市郊区的形成及其变迁 [J]. 城市问题，1987（5）：54-59.

[48] 张玉坤. 聚落·住宅——居住空间理论 [D]. 天津：天津大学，1996.

[49] 余英. 中国东南系建筑区系类型研究 [D]. 广州：华南理工大学，1997.

[50] 薛力. 城市化进程中乡村聚落发展探讨——以江苏省为例 [D]. 南京：东南大学，2001.

[51] 李贺楠. 中国古代传统村落区域分布与形态变迁规律性研究［D］. 天津：天津大学，2006.

[52] 李立. 江南地区乡村聚落形态的演变［D］. 南京：东南大学，2006.

[53] 李严. 榆林地区明长城军事堡寨聚落研究［D］. 天津：天津大学，2001.

[54] 谭立峰. 山东传统堡寨式聚落研究［D］. 天津：天津大学，2001.

[55] 赵逵. 川盐古道上的传统聚落与建筑研究［D］. 武汉：华中科技大学，2007.

[56] 刘沛林. 中国传统聚落景观基因图谱的构建与应用研究［D］. 北京：北京大学，2011.

[57] 王绚. 传统堡寨聚落研究［D］. 天津：天津大学，2004.

[58] 李琛. 京杭大运河沿岸聚落区域空间分布规律研究［D］. 天津：天津大学，2007.

[59] 庄浩. 京西乡村聚落空间形态演变研究——以门头沟区为例［D］. 北京：北京建筑大学，2010.

[60] 魏宏源. 京西古村落空间模式语言研究［D］. 北京：北京建筑工程学院，2012.

[61] 王爱恒. 京郊传统村落保护规划中的道路系统研究［D］. 北京：北京建筑大学，2013.

[62] 谷兴华. 北京灵水古村落公共空间研究［D］. 北京：北京建筑工程学院，2011.

[63] 孙瑶. 北京门头沟区山地传统村落街巷空间形态构成研究［D］. 北京：北京建筑工程学院，2011.

[64] 侯珺. 北京密云地区长城沿线戍边城堡空间特征研究初探——以吉家营城堡为例［D］. 北京：北京建筑工程学院，2011.

[65] 夏璐. 传统聚落空间的传承与再造研究——以北京密云古北水镇民宿区为例［D］. 北京：北京建筑大学，2013.

[66] 陈渊. 巴渝地区合院民居及其防御特色研究［D］. 重庆：重庆大学，2010.

[67] 郭阳. 北京地区传统村落分布与特征研究［D］. 北京：北京建筑大学，2014.

[68] 李严. 明长城"九边"重镇军事防御性聚落研究［D］. 天津：天津大学，2007.

[69] 王琳峰. 明长城蓟镇军事防御性聚落研究［D］. 天津：天津大学，2011.

[70] 张大玉. 北京古村落空间解析及应用研究［D］. 天津：天津大学，2014.

[71] 李孟竹. 北京传统村落马栏村保护与发展研究［D］. 北京：北京建筑大学，2015.

[72] 席丽莎. 基于人类聚居学理论的京西传统村落研究［D］. 天津：天津大学，2013.

[73] 尚芳. 产业转型背景下灵水村村落空间形态与功能转变研究［D］. 北京：北京建筑工程学院，2012.

[74] 孟晓东，张大玉. 北京川底下村乡土边界景观形态解析［J］. 中国园林，2016（9）：11-15.

[75] 张大玉, 沈冰茹. 古北水镇山地聚落景观意象解析 [J]. 北京规划建设, 2017 (2): 90-94.

[76] 张大玉, 甘振坤. 北京地区传统村落风貌特征概述 [J]. 古建园林技术, 2018 (3): 82-89.

[77] 李文生, 黄庭晚, 张大玉. 活态传承视角下我国传统村落保护再生路径辨析 [J]. 小城镇建设. 2022 (1): 44-50.

[78] 张大玉, 张文君, 陈丹良. 新时期传统乡村聚落保护发展集群模式的理念辨析和思路探索 [J]. 城市发展研究, 2022 (4): 16-21.

[79] 张文君, 陈丹良, 张大玉. 社会有机体理论视角下的县域传统村落集群保护发展方法研究 [J]. 小城镇建设, 2022 (9): 111-119.

[80] 黄庭晚, 张大玉. 中国传统村落遴选指标与价值评价演变研究 [J]. 城市规划, 2022 (10): 57-62.

[81] 欧阳文. 北方山地合院式民居空间特征研究——以北京川底下古村落为例 [J]. 华中建筑, 2002 (3): 72-76.

[82] 陈喆, 董明晋. 北京地区长城沿线戍边城堡形态特征与保护策略探析 [J]. 建筑学报, 2008 (3): 84-87.

[83] 欧阳文, 周轲婧. 北京琉璃渠村公共空间浅析 [J]. 华中建筑, 2011 (8): 151-158.

[84] 王长松. 北京沿河城军事历史地理研究 [J]. 中国地方志, 2009 (10): 59-63.

[85] 薛林平. 北京市延庆县榆林堡研究 [J]. 中国名城, 2014 (9): 68-72.

[86] 张宝秀. "京北锁钥"——古北口的历史演变 [J]. 北京联合大学学报, 1998 (3): 5-10.

[87] 郭华瞻, 伍方, 刘文静. 北京门头沟黄岭西传统村落研究 [J]. 华中建筑, 2016 (5): 128-131.

后记　传承村落的保护与发展

专注于北京传统村落的研究与实践始于1997年，当时我们几位年轻教师在业祖润教授的带领下，承担了门头沟区爨底下村（又称川底下村）的保护发展规划。那时的爨底下村已完全"空心化"，仅有几位留守老人。村长韩孟亮掌管着各家的钥匙，也是他带着我们走遍了村落的每一个角落，完成了主要院落的现场测绘。在村落保护意识尚未完全建立的大背景下，我们提出了整体保护的理念，并经过多方努力与多次论证，最终完成了《北京川底下古山村保护发展规划》。赶在1999年国际建筑师协会第20届世界建筑师大会召开之前，完成了专著《北京古山村：川底下》的出版，成为向大会献上的学术成果之一。爨底下也因此成为首批12个中国历史文化名村之一，并入选了首批中国传统村落名录。也正是从爨底下村开始，我结合自己的教学与科研，一直致力于北京地区传统村落的保护发展研究。

自2012年住房和城乡建设部等部委启动中国传统村落认定以来，我有幸参与了全部6批传统村落的评审认定工作，并承担了认定标准的制定工作，促使我得以不断地思考传统村落保护与发展的瓶颈与关键问题。通过承担国家自然科学基金面上项目"京津冀地区传统村落空间结构特征及优化整合研究"和国家自然科学基金重点项目"中国传统村落保护发展的理论与方法研究"等专项研究，我对传统村落价值的认知不断深化与提升。当前，我国已有8155个国家级传统村落，是世界上规模最大、内容和价值最丰富、保护得最完整、活态传承的农耕文明遗产保护群。同时，为了探索传统建筑保护和活化利用、区域统筹推进保护发展等方面的经验做法，2020年财政部、住房和城乡建设部开展传统村落集中连片保护利用示范工作。截至2023年，已有85个县（市、区）被列入全国传统村落集中连片保护利用示范名单，进一步为全国传统村落的保护利用积累经验。当前，如何更好地保护传承这些珍贵的文化遗产，仍有许多问题需要我们去思考和回答。

1．认清形成与发展规律，是传统村落保护利用的前提

传统村落作为"人-地"关系不断演进的结果，反映了人类活动与自然环境之间的相互作用与影响。这个演进既包括时间维度上的演进，也包括环境适应性、社会结构、经济活动、科技水平以及文化多样性等方面的演进。上述演进决定了传统村落的形成与发展必然是一个动态的过程，是人与自然和谐共生的体现，是土地利用与生产生活方式不断变化的适应过程，是乡土文化不断积淀、地域特色逐步形成的过程。因此，可以说保护与发展是传统村落的固有属性，传统村落的保护与利用不是一对矛盾，而是一个有机统一的整体。要在保护中利用，在利用中实现传承与创新。比如，在传统民居建筑的保护中，应建立明晰的保护更新技术细则。除被列入保护范畴的不可移动文物之外，应当允许村民在保持风貌协调的前提下，根据房屋建筑的现状及自身需要，对房屋实施翻建、加建、改建或添加必要的设施等，以此满足村民现代生产生活的需要。在技术方法上，也应当鼓励和支持村民选择适用于传统风貌保护的新型建筑材料和施工技术，以便在房屋改造中，实现风貌保护、功能改善和节能减排等综合效益。

2．强化规划引领，是传统村落保护利用的基础

编制一份"实用、好用、管用"的规划，对于传统村落的保护利用尤其重要。近年来经过对多个传统村落保护利用规划的编制及实施情况进行分析发现，在传统村落价值评估、保护区划、保护利用措施等方面，仍然存在一些误区或简单套用城市规划编制方法的现象。传统村落是不断发展变化的"动态"遗产，应当注重其时间特性，从时间和空间的双重维度识别其价值要素。传统村落是整体的遗产，需要注重不同保护要素之间的关联性，避免简单的保护区划所导致的各保护要素之间的割裂、僵化与碎片化。传统村落是"活"的遗产，保护利用措施应当满足村民生产生活的新需求，采取低干预、微更新、轻介入的方式，以便真正实现农耕文明优秀遗产和现代文明的有机结合。

3．明确保护利用重点，创新保护利用对策是传统村落保护利用的关键

传统村落的选址与格局、传统建筑、历史环境要素和非物质文化遗产是保护利用的重点，传统村落的选址与格局是农耕文明不断适应自然、改造自然的结晶。根据我们对北京市门头沟区某次特大暴雨灾害灾后评估结果的分析，10个位于山区的国家级传统村落，其受灾程度显著

低于一般村落，这表明传统村落的选址与营建在抵御自然灾害方面有其独特的智慧，是我们保护传承的重点。传统建筑，尤其是具有鲜明地域特色和民族风格的传统民居，是传统村落保护利用的核心。我们对传统民居加建、改建或重建的管控方式进行了积极探索，研发了农房风貌提升资金奖补平台，引导和激励村民积极参与传统民居风貌提升行动，取得了良好的效果。如何盘活闲置房屋，也是传统村落保护利用的难点之一，其关键是要探索闲置房屋的合理利用机制。同时，山水林田、井泉沟渠、码头驳岸、壕沟寨墙、古树名木等各类历史环境要素，既是传统村落保护的重要内容，也是创新建设开放空间的独特资源。另外，传统村落中丰富而独特的农事节气、节庆活动、民间艺术、祖传家训、乡风民俗等非物质文化遗产，记录并传承着中华民族的优秀传统文化，是构成传统村落独特精神文化内涵的重要组成部分，也是传统村落保护利用的重点。

4. 增强内生动力，实现产业振兴是传统村落保护发展的根本

保护利用传统村落的根本目的是留住村落中的人，而留住人的前提是通过发展现代农业、植入新型业态，来增强村落的内生动力。大部分传统村落并不具有较强的发展优势，增强内生动力，必须根据传统村落自身的资源优势及区位特点，选择符合实际的发展路径。比如，对于城郊的传统村落，可以充分依托城市的资源，谋求村落活化的总体定位，推动城市与村落的融合发展；对于偏远地区的村落，应充分挖掘其自然山水、历史文化、田园风光等资源，发展特色农业、民宿、旅游、康养、度假、休闲、"互联网+"等产业模式；而对于传统村落较为集中的区域，村与村应发挥各自优势，资源共享，优势互补，形成发展合力。传统村落保护不能仅仅依靠政府，必须充分调动当地村民的积极性，引导社会力量参与乡村产业发展，只有调动多方力量，才能真正达到保护传统村落的目的。

传统村落保护是村落基础设施逐步更新和人居环境不断改善的过程；是村民生活水平与生活质量不断提高的过程；是传统的生活方式、生活习俗、风土人情与现代文明不断适应的过程；是街巷空间、建筑设施等传统物质载体不断得以修缮、建筑设施更加宜居的过程；是村落由衰退到焕发新的生机与活力、"空心化"现象逐步改善的过程。

总之，传统村落保护是一个不断发展变化的动态过程，是村民物质生活不断改善和精神生活逐步丰富的过程。其中，农耕文化的保护与传承是村落保护的灵魂，传统村落风貌特色的保护是村落保护的核心与关

键，基础设施的更新完善是村落保护的前提与基础，村民生活水平的提高是村落保护的根本。

在书稿即将付梓之际，回顾撰写过程，感恩之情油然而生。感谢本书的责任编辑中国建筑工业出版社张建女士以及各位审稿编辑；感谢我的博士指导教师张玉坤先生的悉心指导；感谢欧阳文、张曼、李雪华、黄庭晚、甘振坤诸位老师为本书撰写提供的帮助；感谢张文君、李文生、凡来、孙铭、杨梅子、张尧鑫、朱永强、赵倩文、周迦瑜、张恒瑞、崔涵、史祚政、陈香合等协助开展文字校对、照片拍摄、图纸绘制等工作；同时，感谢王爱恒、张堃、李冰、董晓璇、孙瑶、侯珺、魏宏源、夏邈、谈抒婕、崔明华、谷兴华、王珺等在研究之初展开的大量基础性调研工作。本书的撰写还借鉴了诸多学者同仁们的研究成果，在此一并向他们致以衷心的感谢和深深的敬意。

传统村落的相关研究，近年来已经成为学界关注和研究的热点。本书算是我多年来积累的一点粗浅的研究成果，书中定有很多不足之处，恳请各位专家给予批评指正。

2023年9月